作品集 冯亚东 FENG YADONG PORTFOLIO

冯亚东 著

理性主义与刑法模式

犯罪概念研究

中国政法大学出版社

2019·北京

图书在版编目（ＣＩＰ）数据

理性主义与刑法模式:犯罪概念研究/冯亚东著. —北京:中国政法大学出版社,2017.11

ISBN 978-7-5620-7907-1

Ⅰ.①理…　Ⅱ.①冯…　Ⅲ.①刑事犯罪－研究－中国　Ⅳ.①D924.114

中国版本图书馆CIP数据核字(2017)第277803号

出 版 者	中国政法大学出版社
地 　 址	北京市海淀区西土城路 25 号
邮寄地址	北京 100088 信箱 8034 分箱　邮编 100088
网 　 址	http://www.cuplpress.com (网络实名:中国政法大学出版社)
电 　 话	010-58908437(编辑室) 58908334(邮购部)
承 　 印	北京中科印刷有限公司
开 　 本	880mm×1230mm　1/32
印 　 张	8.25
字 　 数	170 千字
版 　 次	2019 年 1 月第 1 版
印 　 次	2019 年 1 月第 1 次印刷
定 　 价	59.00 元

总　序

　　中华民族具有悠久的学术文化传统。在我们的古典文化中，经学、史学、文学等学术领域都曾有过极为灿烂的成就，成为全人类文化遗产的重要组成部分。但是，正如其他任何国家的文化传统一样，中国古典学术文化的发展并不均衡，也有其缺陷。最突出的是，虽然我们有着漫长的成文法传统，但以法律现象为研究对象的法学却迟迟不能发育、成长。清末以降，随着社会结构的变化、外来文化的影响以及法律学校的设立，法学才作为一门学科而确立其独立的地位。然而，一个世纪以来中国坎坷曲折的历史使法律难以走上坦途，经常在模仿域外法学与注释现行法律之间徘徊。到十年"文革"期间更索性彻底停滞。先天既不足，后天又失调，中国法学真可谓命运多舛、路途艰辛。

　　70年代末开始，改革开放国策的确立、法律教育的恢复以及法律制度的渐次发展提供了前所未有的良好环境。十多年来，我国的法学研究水准已经有了长足的提高，法律出版物的急剧增多也从一个侧面反映了这样的成绩。不过，至今没有一套由本国学者所撰写的理论法学丛书无疑是一个明显的缺憾。我们认为，法学以及法制的健康发展离不开深层次的理论探索。比起自然科学，法学与生活现实固然有更为紧密的联系，但这并不是说它仅仅是社会生活经验的反光镜，或只是国家实在法的回音壁。法学应当有其超越的一面，它必须在价值层面以及理论分析上给实在法以导引。在建设性的同时，它需要有一种批判的性格。就中国特定的学术背景而言，它还要在外来学说与固有传统之间寻找合理的平衡，追求适度的超越，从而不仅为中国的现代化法制建设提供蓝图，而且对世界范围内重大法律课题作出创造性回应。这是当代中国法学家的使命，而为这种使命的完成而创造条件乃是法律出版者的职责。

"中青年法学文库"正是这样一套以法学理论新著为发表范围的丛书。我们希望文库能够成为高层次理论成果得以稳定而持续成长的一方园地，成为较为集中地展示中国法学界具有原创力学术作品的窗口。我们知道，要使这样的构想化为现实，除了出版社方面的努力外，更重要的是海内外中国法学界的鼎力推动和严谨扎实的工作。"庙廊之才，非一木之枝"；清泉潺潺，端赖源头活水。区区微衷，尚请贤明鉴之。

自　序

　　我们生活在一个人欲横流、五光十色、变化万千的世界里，我们每个人都身不由己地被卷进这社会的大流而随波逐荡。人间的一面是阳光、友爱和欢笑，而另一面却是黑暗、罪恶和哀号；惟有这两面的同时相随，才是生活的本真，才是最实在的世界。快乐的日子里我们随时准备承受可能降临的苦难。

　　人类所面临的诸多苦难中最平常、最不幸的莫过于邪恶与犯罪，而这恰恰又是人类自己给自己制造的麻烦。一方面，我们在肉体和心灵上不得不承受来自同类的摧残和折磨，另一方面，我们为压抑它们而无可奈何地耗费宝贵的精力并付出巨大的物质代价。

　　二十年前，当我作为莘莘学子的一员怀着惶惶然的心情跨进大学校门时，这人间最不幸之事便很快引起了我的兴趣；虽然当时尚不能提升"最不幸之事"的认识，但生活的自然体验总是使法律院校的学子们最先关注这一方面。我在三年级学年论文选题时又选了刑法题目，从此便与犯罪和刑法结下了不解之缘。大学毕业后被分配至法院经历了四年的刑事法官生涯，以后又到学校专职从事刑法学的教学工作。

多年来，在与实在的犯罪和概念的"犯罪"接触过程中，我逐渐形成一种十分强烈的意识：犯罪概念本身是人类千千万万不轨行为的集合，概念所表征的现象背后折射着人类社会生活的几乎所有场景；其间饱含着人类世世代代的多少痛苦、多少泪水、多少代价（也包括犯罪方），而这些势必还将延伸至无限的未来。但迄今为止我们对犯罪概念中所包含的真理性知识其实还了解得很少很少：一方面，立法上急功近利迎合某些需要而大肆增设新罪名，许多本来无须用"犯罪"去界定的行为也都改由刑法来操心；另一方面，司法中面对潮水般涌来的新型"犯罪"及大量临界点上的行为（犯罪与一般违法行为难以界定）而头疼不已，其裁判为"犯罪"的公正标准究竟在哪里？而学者们面对乱糟糟的局面似感疲于应付，当务的注释工作都难以完成，谁还有暇顾及基本概念的研究呢？

须冷静看到的是：在对犯罪的控制过程中之所以出现如此复杂的局面，除了社会生活本身比历史上任何时代都更多样化外，一个很重要的原因却是控制过程中人为的失误。在对犯罪模式、刑法模式乃至整个法律控制模式的设计和运用中非常缺乏基本理论的指导，始终未能搞清"犯罪"在众多危害行为中的特殊意义究竟是什么。

有感于此，笔者开始了对犯罪概念的系统研究。本书的原型为《刑法的哲学与伦理学》一书（出版于 1996 年 12 月）。原书在写作时为缩小篇幅，对许多基本概念和专业方面的一般性知识未作阐述，而直截了当地切入自己的观点及结论。读过该书的一些朋友感到内容太浓缩，希望我以后改写时能做一些解释性的阐述。于是在本书的再创作过程中原打算做点"掺水"的工作，却不料一开始便写成了"平等与自由的悖论"一节，写下来便自感思想又进入了一个新的层面，对原来内容的"掺水"便顿觉无趣，于是只好放弃。原书的内容基本都保持不动，只作了个别修改和一些技术性的调整；增写了第15、20、50、51、57、59小节。看过原书的读者便只看这几节即可，不必再浪费时间。

本书的写作前前后后历经十年之久。原书从1988年10月定题动笔，行文之初是从当时思路比较成熟的犯罪本质方面着手进行的，主要分析犯罪与一般违法行为的"质差"问题，到1988年底便完成了作为本书第二章的主要部分。从1989年开始才又倒过来对最棘手的社会危害性问题进行研究，其间一边教书一边读书一边写书，有时数月甚至数年在纸面上一无所获。由于写作时间跨度太大（第三章中的"刑事法律关系"一节写于1984年以前），故三大章的写作风格甚至一些内容显得并不协调，虽经调整但仍显痕迹：前半部形而上的色彩甚浓，后半部形而下的实证居多；并且不少叙述似乎离题太远，但本人又不忍心割爱。对一个概念进行所谓完整系统的研究似乎应当保持写作风格和内容的某种一致，否则读者很难形成一个统一的印象。但本书终未能达到这一点。

写作中在与朋友们讨论时形成一个想法，即做学问不可等同于做人。中国的知识分子长期以来形成一种传统——将日常生活中做人的行为标准等同于做学问应恪守的标准；做人应虚怀若谷、谦恭谨慎，于是做学问也应四平八稳、不露锋芒。一篇文章洋洋洒洒若干万字，看完总难得要领。西方的学者们历来有一种自由自在的思辨气质，反映在学问中就是易走极端。但这对读者来说未免不是幸事——阅读时简单明了，批判时痛快淋漓。龙勃罗梭关于天生犯罪人的惊人描述不免激起读者刻骨铭心的反感和思索，而弗洛伊德对"里比多"的过分渲染总让我们使劲联想孩提时代的经历。本书的文风便基于这样的思路形成。我自甘受人讥弹。

　　陈兴良先生在《刑法哲学》一书中曾谈到应建立刑法理论的"专业槽"问题。我也有些同感。但对"专业槽"我作这样的理解：本来这槽里的草是谁都可以嚼的，也永远吞不完，但达不到这槽的高度你就吃不到；刑法学的理论在这一意义上又是向所有人开放的。我真心地希望与学界同行一起咀嚼和分享这槽里的草。

作　者

1998 年 3 月 30 日于成都

目 录/Contents

第一章

社会危害性辨析

第二章

关于应受刑罚处罚性

第三章

关于刑事违法性

导　论

　　概念是人们头脑中存在的一种对事物本质属性的思维形式。概念与客观事物并非同一,当概念较全面地、深刻地反映了事物的本质属性时,它就上升为相对的真理。几个世纪以来,当刑法学逐渐定型而成为一门人文科学学科后,学者们在不同意识形态的支配下,始终不懈地追求着对犯罪现象(客观事物)中所包含的真理的认识。犯罪一词可谓凡人皆知,然而对于究竟什么是犯罪却众说纷纭。

　　在美国学者昆尼和威尔德曼合著的《新犯罪学》一书中,概括介绍了国外学者们对犯罪概念的多种表述;近年来在我国学者中也出现了对犯罪概念的不同表述,虽未形成有势头的流派之争,但至少存在一些分歧。对在犯罪概念问题上的观点纷争,昆尼和威尔德曼总结:"人们是基于不同的目的根据不同的社会历史情况来使用各种各样的犯罪概念的。"[1]

---

　　〔1〕〔美〕昆尼、威尔德曼:《新犯罪学》,陈兴良译,中国国际广播出版社1988年版,第2页。

本书并不打算一开始就陷入各种观点的纷争之中，我们只是针对昆尼和威尔德曼的总结提出一个须明确的问题：犯罪概念的确是人们"基于不同的目的根据不同的社会历史情况"而各自规定的，但这段话仅仅在方法论的意义上才是正确的。人们基于不同的研究目的是会形成多元的犯罪概念的。犯罪学家和刑法学家各自的研究目的并不相同，其分别提出的犯罪概念也就会有差异。"犯罪学问题的范围比正式的刑法的犯罪行为概念更广泛：它包括预备犯罪的状况和有偏差的行为。"[1]犯罪学家侧重的是对现实生活中发生犯罪的原因及所应采取的防范对策的研究，从这个目的出发，只需要看到犯罪的大致形态即可，并无必要对犯罪行为作出精确的界定。因为犯罪也好，"有偏差的行为"也好，两者在产生机制（原因）上并无太大的差异，并且就社会防范而言对两者都是力求抑制的。而刑法学家则侧重于什么是犯罪以及应如何制裁犯罪的研究，从这个目的出发，就需要对什么是犯罪作出严格的规定，以免殃及无辜。就同一研究目的、同一社会历史情况来说，摆在刑法学家们面前的犯罪概念似乎只能包含一个真理，只能作出一元的规定，尽管在语言的表述上总会有差异，但对实质内容的理解却不应该相差太远。

从上述意义中可以看出，犯罪学中的犯罪概念是直接源于生活的——同立法者所创制的刑法规范并无丝丝相扣的联系；而刑法学

---

〔1〕［德］孔德·凯塞尔：《犯罪学》，赵可等译，西北政法学院出版社1976年版，第76页。

（规范注释论）中的犯罪概念则是直接源于刑法规范的——"无法无罪"，现代法治国家所确立的罪刑法定原则正是要求如此。虽然刑法中的犯罪终究还是发源于生活中的"犯罪"，但二者绝不等同：前者是成文规范所作出的评价，而后者更多的只是舆论、道德的评价。对理论刑法学来说，重要的任务就是揭示生活中"犯罪"之真谛——尽可能展示其全部内涵并穷尽其外延，使之能被清晰、明确、完整地铸造进刑法典中。

就我国刑法学对犯罪概念问题的研究现状来看，犯罪概念被定义为"危害社会的、触犯刑律的、并应受刑罚处罚的行为"。换言之，犯罪具有三性——社会危害性、刑事违法性和应受刑罚处罚性。对此定义有些学者曾提出过非议，但似乎并不存在实质内容上的太大分歧，只是就概念的物质外壳——语词的表述如何才更准确、更便于掌握而做文章（比如"危害社会"前面是否应加"严重"一词的争论）。

其实，对所使用的语词我们常常并不能确切地理解而只是大概明白其中的一些含义。生活中人们往往通过一种对语词用法的含糊而笼统的约定系统去进行思想的交流。撇开对犯罪三性的语词表述问题不论，就对其实质内容的理解来看，我国刑法界几十年来始终在一个较低的层次上徘徊，只是对直观现象及现象间的逻辑联系作出一些事实性的描述：社会危害性是组成犯罪行为的诸主客观事实特征的综合反映；刑事违法性是与社会危害性主要方面相对应的条文规范形式，内容与形式的统一即成立犯罪；而应受刑罚处罚性则只是构成犯罪后所必然伴随的法律后果。这种表象层次的理解，至多不过是做到了与生活中人们直观形成的犯罪观相照应，而对刑事立法和司法来说，它几乎没有提供任何有意义的信息，在对"应受刑罚处罚性"的理解上甚至将人们的认识完全导向了错误的方面（应受刑罚处罚性并非等同于法律后果。本书第二章将作详细论证）。"大量的误解和冲突——从人与人之间到国与国之间——是我们为这种不精确所付出的代价，但我们还能混得过去。然而科学却容不得半点含糊和不精确。概念之定义意为对在什么意义上运用某一特殊用语作出精确的说明。"[1]

在理论刑法学的领域内，对犯罪概念究竟应如何着手进行分析？理论的建构既要能够发掘出犯罪概念中所内含的人类生活方式及人际关系的底蕴，又要在学科方法上形成较为完整、科学的理论研究体系，同时也须适当地兼顾人们既成的思维方式和传统学说框架（这对理论的付诸运用大有裨益）。笔者在数年的思索、比较和反反复复的修改之后，最终还是接受了传统理论所构造的犯罪概念三性框架。这种框架对达到上述研究目的似乎是最为方便的。

通过对社会危害性的分析，能够最充分地展示人类社会生活千姿百态、丰富多彩的画面，能够揭示出专属于人类群体的"恶"（社会危害性）的伦理意义，从而奠定刑法以及所有法律共同的立论基石；通过对应受刑罚处罚性的分析，可以精密地将"犯罪"从

---

〔1〕［美］艾尔·巴比：《社会研究方法》，李银河编译，四川人民出版社1987年版，第90页。

人类伦理道德秩序和一般违法行为中界定出来，从而在实体意义上为刑法的最有效控制划定边际范围；通过对刑事违法性的分析，能够说明刑法（可视为一种形式或对社会进行控制的技术性措施）同犯罪行为（可视为一种实在的内容或受技术控制的对象）之间的对应性制约关系，从而在控制形式上找出惩罚犯罪的最佳方案，为调整人们现实的社会关系和建立未然的良好生活秩序提供导向性的选择模式。

基于上述思路，本书在宏观结构上仍将按照社会危害性、应受刑罚处罚性和刑事违法性三大板块来建立犯罪概念的理论体系，只是在具体内容的阐述上注入许多新的思想，希图由此而引起一些刑法观念的变革。

第一章
社会危害性辨析

第一节　一个共许前提——社会危害性

犯罪首先可以说是一种危害社会的行为，即具有社会危害性。这几乎是一个人所共知的常识。一名罪犯持刀在大街上杀死一个过路的行人，其直接所造成的是：一个无辜者生命的结束、交通秩序的大乱、警察的围追堵截、市民的惶惶不安、死者亲属朋友们的巨大悲痛。对这一切作一个简单的概括，就是所谓的"社会危害性"。生活的哲学就是这样直观、具体地给人们带来初步的抽象认识。

1. 不同法系中社会危害性的不同表达形式

在社会主义国家的刑法中，对犯罪概念都作了定义性的规定，并十分强调社会危害性这一点，往往辅以较长的文字对其作一些较具体的描述。如原《苏俄刑法典》第 7 条规定："凡刑事法律所规定的侵害苏联的社会制度及其政治体系和经济体系，侵害社会主义所有制，侵害公民的人身权利和自由、政治权利和自由、劳动权利和自由、财产权利和自由及其他权利和自由的危害社会的行为（作为或不作为），以及刑事法律所规定的其他各种侵害社会主义法律秩序的危害社会行为，都认为是犯罪。"我国《刑法》第13条对犯罪概念也作了与《苏俄刑法典》极为相似的规定。此外，东欧各个国家社会主义时期的刑法典都有类似的规定。这些规定都以长短不同的文字对社会危害性作了概括性的描述。由于社会主义国家的刑法学者们在建立刑法学理论体系时偏重于对刑法阶级性的阐述，并且在对刑法的研究过程中主要使用的注释方法也要求在对犯罪概念的表述上尽可能地与刑法规范保持一致，所以社会危害性一般都被认为是犯罪的本质特征而特别加以强调。

在西方大陆法系国家的刑法典中，大都对犯罪概念不作总体上的明文规定（西方刑法中对轻罪重罪的划分并不属于对犯罪概念内涵的规定），只是在刑法分则的罪状中对具体犯罪构成的要件作较细致的描述，而总体上抽象的犯罪概念则留待法学家们去推导。在大陆法系的刑法学理论中，得到最广泛承认的犯罪概念为："犯罪是符合构成要件的、违法的、有责的行为。"这里完全避开了对犯罪的社会危害性的表述问题，而主要是从法律确认犯罪的过程及形式方面去进行概括。这个定义过去被社会主义法学家们斥为"形式定义"，称它没有也不可能揭示犯罪的阶级实质。其实这种驳斥未免武断，站在不同的角度当然只能看到事物的不同侧面。资产阶级法学家们之所以提出犯罪概念的"形式"定义，应当说是同他们所处历史时代的要求、同他们民族习惯性的思维方式相适应的；而更直接的却是受大陆法系制定法法系方法的制约——严格限定只能以法定的要件形式去判断行为（具体表现为倡导和奉行"无法无罪、无法无刑"的罪刑法定原则）。从他们所采的视角来看，社会危害性似乎只是一种常人情理上都能理解和接受的简单知识，在刑法对社会生活进行规范和控制的高层次内没有必要再提出这个不言自明的问题。他们的思维定点一开始就放在较高的规范层次上，并由此而建构及展开全部犯罪认识论的体系；在研究方法上遵循由个别到一般的原则，从对法律规定的具体犯罪构成的研究中抽象出一般意义的犯罪构成，在此基础上进一步形成对犯罪概念的认识。

在大陆法系的犯罪认识论体系中，是以规范化的、作事实性描述的犯罪构成要件为出发点的，由此而逐层次地深入阐明行为的违法性（社会对具体行为的评价和反应）和有责性（个人承担刑事责任的能力和具体状况）及其三个层次相互之间的制约关系，而关系的总和就是犯罪（或称犯罪概念）。这种思路，从刑法规范注释论的角度来看，不仅较清晰地反映了犯罪概念的外部规范结构及内部价值蕴涵，而且也与采制定法法系的国家刑事审判中的定罪判断过程相一致。正如日本学者小野清一郎所述："然而不管怎么说，以客观的、记叙性的构成要件概念为基本，首先把握住符合构成要件的行为，进而再去考虑它的违法性和责任。这种思考过程，与现代刑事审判中的审理过程是一致的，是反映了构成要件理论的实践品格的。"[1] 在这里，社会危害性的有无及大小首先并不由法官根据自己的价值观念和专业水准去判定，而是转化为规范性的构成要件由法官去同具体案件的行为事实相对照。这种思维方式和审理过程，至少对于切实贯彻罪刑法定原则、防止法官擅断具有极为重要的意义。

在英美法系国家，刑法的渊源（表现形式）显得十分复杂，各种不同效力的制定法同与其并行的判例法搅和在一起，故在法律的实际运用中更缺乏统一的规范化的犯罪概念。在法学理论上，英美国家的法学家们由于深受普通法观念的影响，而普通法又直接源于世俗生活得以形成和发展，再加之其诉讼程序上更贯彻民主精神而较完整地建立起一套能直接反映社区世俗价值观念的陪审团制度，故他们在对犯罪概念的理解上也就更贴近于生活而不同于大陆法系贴近于高层次的规范控制过程。既是贴近生活，而生活中人们对犯罪行为最初步的抽象认识就是其具有"社会危害性"，故在对犯罪概念的抽象提取过程中这一点似乎就自然成为立论的基点。

在英美法系著名的刑法学著作《肯尼刑法原理》一书中，特纳博士对犯罪概念概括了三大特征，其中第一大特征就是"犯罪是由人的行为引起的而为国家主权所希望阻止的一种危害"。[2] 将这段话同我国刑法界对犯罪概念第一特征的表述相比较，两者虽使用不

---

〔1〕［日］小野清一郎：《犯罪构成要件理论》，王泰译，中国人民公安大学出版社 1991 年版，第 13 页。

〔2〕［英］特纳：《肯尼刑法原理》，王国庆等译，华夏出版社 1989 年版，第 4~5 页。

同的语词，但在所表达的"危害"意义方面却并无实质性的差别（撇开政治或阶级的差别不论）。东西方法律文化尽管差异甚大，但在基本的方面却仍有相通之处。

2. 对"前提"的质疑

犯罪是具有社会危害性的行为，这一点至少在简单抽象的层次上是成立的，尽管语词的表述五花八门，但基本的"危害社会"的意义却难以否定。就再行深入地研究犯罪概念来说，这似乎成为一个不同法系、不同学说都能接受的共许前提。但是，深入研究的关键并不在于承认这一前提，而恰恰在于将"前提"置后，充其量我们也只能将其视为次要的低一层次（注释论的层次）问题中的前提。对理论刑法学来说，"犯罪是具有社会危害性的行为"这一命题应该是在经过大量周密论证后才可以得出的结论。

"什么东西具有社会危害性"与"社会危害性本身是什么"是两个不同的命题，只要我们稍加注意，其区别是十分明显的，犹如我们提出"什么东西具有三维空间"和"三维空间是什么"的问题一样。显然上述两例中对前一问题的准确回答完全有赖于对后一问题的理解——我们只有首先搞清楚社会危害性本身是指什么，才有可能恰如其分地将其归属于某种东西（犯罪或其他事物）。

但"令人吃惊的是，很少有法哲学家对行为被判定为犯罪以前所必须具备的条件提出过详细见解。评论家们对这一问题要么避而不谈，要么用陈词滥调来敷衍搪塞，或者不得不承认问题难以回答。由于解决这一问题没有可行性的理论，因此，刑法实践便步履艰难"。[1]

近些年来我国刑法界时常被一些具体案件所困扰，诸如安乐死、同性恋、经济领域中的一些越轨事件等行为，其是否具有社会危害性？是否构成犯罪？理应界限分明（这关系到行为人的命运）的东西事实上却根本没有任何界限和标准，寻求罪与非罪结论的讨论往往变成一场见仁见智、各有其理的无法了结的争吵（当然司法部门最终只能是不理会这些争吵而自行其是）。而之所以产生这种令人困惑的局面，一个极重要的原因就在于讨论各方都缺乏对"社会危害性"本身是什么的划一的认识。

生活中人们往往形成一种习惯性的思维定式，总是不自觉地凭借一些似乎是约定俗成、天经地义甚至只是一些模模糊糊的"公理"去直截了当地回答问题，并不去注意问题中所包含的更深层次的问题。而事实上所谓约定俗成的"公理"却十分缺乏共同约定的理解，由此也就导致在问题的结论上产生许多无谓的分歧。我们提出"当今世界是否处于和平之中"的问题，人们往往只是根据自己的见识就很快简单地给出"是""基本上是""不是"等不同的结论，可很少有人会认真地先对"和平本身是指什么"的问题进行推敲和约定——寻求"和平"的若干具体标准。而一旦我们能对后一问题求得共同的理解，前一问题的分歧自然也就烟消云散了。

---

〔1〕〔美〕胡萨克：《刑法哲学》，谢望原等译，中国人民公安大学出版社1994年版，第219页。

不幸的是，这种思维方法也被带进了刑法理论的研究之中，社会危害性成为不证自明、不言而喻的公理，一切推论（不同法系的各种学说）都或深或浅、或明或暗地由此而开始。但是，问题的症结并不在于"犯罪具有社会危害性"这一简单的仅凭情理就能把握的常识，而在于将这种提法进一步深化——社会危害性本身是指什么？由此再引申出一些具体的问题：社会危害性是犯罪的一种固有属性还是立法者人为的设定？是一种人们对特定事实所内含的真理的判断还是一种对事实所引起的社会价值的评价，抑或二者的综合？搞清楚上述问题，对科学地认识犯罪概念无疑具有十分重要的意义，尤其对刑事立法确定犯罪模式更具非常现实的指导作用。

　　我们今天正处于一种大变革的时期，过去的许多行为其传统意义正在蜕变或消失，与此相随不知不觉中行为又被涂抹上新时代的若干色彩，一些过去见所未见、闻所未闻的光怪陆离的新事物也四处滋生，其性质和意义时时令我们感觉莫名其妙。而我们手中操宰着生杀予夺的大权，我们经常被迫对这些莫名其妙的东西行使权力，财产、自由乃至生命是我们要求行为人为其行为所付出的代价。我们不仅要扪心自问，许许多多性质模糊、结论两可甚至多可的案件经过专家学者们许许多多的争论仍无法求取共识，我们又是凭什么一锤定音而对之生杀予夺呢？细细想来良心上会不寒而栗！

　　当今西方发达国家刑法的若干发展动态深深地触动着我们："非犯罪化"（缩小犯罪的外延）和"非刑罚化"（采用传统刑罚方法以外的其他制裁方法）的运动可行吗？罚金刑大规模地取代自由

刑（轻刑化的主要内容）的做法合理吗？"法人犯罪"值得肯定吗？"严格责任原则"（对造成实害而并无罪过的行为同样可以追究刑事责任）是否是快节奏的工业社会的必然选择？"保安处分"在刑法中能有一席地位吗？少用死刑甚至废除死刑的做法可取吗？这些既是重大的理论课题，更是迫切需要解决的现实矛盾。问题的抉择方案关系到将刑法导向何方——一定意义上关系到将我们的社会导向何方。对此，严肃的刑法学者们不能总是停留在既定规范的分析和对直观现象的描述上，而应当深入到犯罪概念的内部——从对社会危害性深邃内涵的掌握上入手，去寻求一系列纷争问题的答案。

第二节　社会危害性并非行为的固有属性

我国法学界在刑法和其他部门法的领域内，都广泛地使用着"社会危害性"这一术语，其具体的含义是什么，人们往往循名以责实，无非是指行为本身所具有的一种对社会产生消极作用的属性。这种理解，从泛泛的意义上看并无不当。但我们如果精细地进行分析，就会发现这里面隐含着一些长期被人们误解的问题。

3. 哲学上的"属性"问题

将社会危害性理解为是犯罪或其他危害行为的一种属性，与哲学上对"属性"的一般意义的理解并非一致。在哲学上，属性是指事物自身固有的、天然的、不以认识主体意志为转移的一种内在规定性；人们只能认识并利用事物的属性而不能随意规定或改变它；如果要对属性加以改变，一事物也就不成其为原来意义的事物了。按此理解，行为这一客观事物的属性主要有以下几点：①是自然人的一定动作，表现为身体肌肉的收缩或静止；[1]②受行为人的意识和意志支配；③对其所依存的时空环境总会产生一定的自然作用力。上述三点就是行为的固有属性，它们在任何社会形态下都不会发生改变，并且不管人们是否能认识它们，三者都客观存在。以此为标准来衡量社会危害性，它就并非任何行为的固有属性。

社会危害性的基本意义在于危害了社会的利益。就这一含义来看，它只是一定的社会利益集团对妨害自己生存秩序的行为的一种感受和评价，而行为之所以会妨害一定的生存秩序，又与行为的第三点属性直接关联。社会危害性以行为的存在为前提，因行为的属性而发生，但却并不意味着可以是孤立的行为本身所包含的现实，它只是反映着与行为主体相对立的社会主体的客观利益现实。行为是否危害社会、行为的诸多属性中哪一点或哪一方面危害了社会，是由具体的、现实的社会利益所决定的。

我们以长途贩运行为为例。该行为的属性在一般意义的行为属性基础上具体表现为三点：①是人将特定的货物从甲地运往乙地并

---

〔1〕 人类生理学上将行为仅理解为肌肉之收缩（作为），而法律上的行为还可以包括无肌肉收缩的不作为。当然，不作为并不等同于肌肉的静止，但一些情况下可以呈现为该状态。

加以出售的动作；②该动作是在行为人自觉意志支配下进行的；③对甲地和乙地的物质环境会直接产生一定的自然作用力。当然，这里每一点属性都还可以分解为一些更具体的方面，但核心的也就是这三点。也许人们会提出质疑：这第三点属性在具体的案件、具体的历史情况下不就可以理解为社会危害性吗？的确如此，有这层意思！但应注意这里已经对行为的属性附加了条件，条件就是"具体的历史情况"，即具体的社会利益。离开了这一条件，我们则只能看到行为的固有属性而无从认识行为的社会意义。

虽然任何行为都只能是具体的、历史的、社会的行为，对任何行为全部意义的认识都不能撇开特定的社会利益现实，但毕竟行为的固有属性同行为所依附的社会利益现实并不属于同一的范畴，正如哲学意义上主体的活动离不开活动的对象，而活动的对象与主体的活动则不能等同一样。正因为这一点，尽管长途贩运行为的固有属性始终没有改变，而过去在严格的计划经济体制下人们根据自己的利益要求却对之作出具有社会危害性的判断，但今天在市场经济的体制下人们又根据自己新的利益要求而对之作出具有社会有利性的评价。可见，社会危害性并非行为本身的一种固有属性。

4. "犯罪"性质的变异现象

法国学者布律尔就此指出："人的任何一个行为，本身都无所谓无辜或有罪。在我们看来最为可憎的犯罪行为，如杀害父母罪，在某些社会群体里是允许的；而另一些在某些原始群体中受到严厉惩罚的犯罪行为，如违反某些宗教迷信的禁忌，在我们看来却是无所谓的。"[1]布律尔的这段话虽然只是道述了一些鲜为人知的现象，但其中所包含的道理却实在值得深思。

1986年法国进行了修改刑法的工作。刑法改革的重要内容就是要取消那些在法国社会的现实生活中早已不被人们视为犯罪行为的刑法规定，如亵渎圣物罪、通奸罪、妨碍公共风化罪、行乞罪、流浪罪、堕胎罪等等。法国司法部长巴丹泰在解释这项改革时说：这些古老的罪行是19世纪的象征，目前风俗的进化已使之变得毫无意义。拿妨碍公共风化罪来说，现在法国的海滩上到处可见到裸体浴场，民众已习之为常、熟视无睹，所以何必要由刑法来操心呢?[2]巴丹泰的这段话对我们理解"犯罪"乃至社会危害性的变异规律颇有启发。就这些被取消的犯罪来说，它们的固有属性几乎没有任何变化，而在外观形式上较之于过去甚至还有过之而无不及。之所以不再认为它们是犯罪，其根本的决定性因素并不在于行为自身的属性是什么以及是否发生变化，而在于"民众已习之为常、熟视无睹"；当这些行为的属性与20世纪80年代法国人的现实利益相联系时，人们已感到完全无所谓了，甚至还投以赞许的眼光，"所以何必要由刑法来操心呢"！

〔1〕 ［法］亨利·莱维·布律尔：《法律社会学》，许钧译，上海人民出版社1987年版，第29页。

〔2〕 参见《现代世界警察》1986年第6期。

在巴西，长期以来公众一直认为丈夫杀死与他人通奸的妻子的行为是正当的，美其名曰这是丈夫们享有的"维护荣誉"的权利。虽然"维护荣誉说"从来不为巴西法典所明文肯定，但这一说法却被律师们用于数千起男子杀妻案的辩护中，而且居然胜诉，使被告人得以无罪解脱。据圣保罗州进行的一项调查报告称，在1980年至1991年期间，共有722名男子以维护荣誉为由而杀害了被指责为通奸的妻子。这种被现代文明社会普遍视为残暴、野蛮并应受严惩的犯罪行为对处于同一时代且文化并不算落后的巴西来说，却得到公众和法官们的谅解，似乎真有点不可思议。对这一奇特的社会现象唯有以行为的性质（是否具有社会危害性以及是否达到犯罪的程度）是随不同地区、不同时期民众的价值观念而转移的学说才能够得到较圆满的解释。而更能使这种学说得以印证的是：随着80年代巴西女权运动的蓬勃兴起，巴西公众对"杀妻"行为的价值感受逐步发生变化以至从根本上颠倒过来。80年代以后，巴西各滨海城市的陪审团越来越多地拒绝了"维护荣誉说"的辩护理由，认为其已过时；但在内地，陪审团仍沿袭着旧时代的观念。1991年3月12日，巴西最高法院在对内地的一件杀妻案（一、二审法院均判决被告人无罪）的判决中以3∶2的表决结果驳回了"维护荣誉"的说法。至此，巴西男人们历来所享有的"荣誉"特权就失去了合法性，在巴西的法律史上"杀妻有理论"终于休矣。巴西的一些女权活动家认为：最高法院的判决并不是开创了什么新风尚，而只是社会态度发生大变化的结果。事实的确如此，法院只不过是迫不得已而对变化了的时代风尚、价值观念从法律上作出形式意义的认可。[1]

5. 自然的东西既不善也不恶

其实，犯罪行为的社会危害性与地震、山崩、狂风、海啸一类自然现象的危害性颇为相似。这一类现象就其自身属性而论，绝没有什么危害或不危害的意义，之所以认为它们具有危害性，仅仅只是相对于人类社会的存在而言的，是人们对它们的自然属性与自己利益之间所形成的一定价值关系的评价。在月球、火星以至数量无限的星球上，同样存在着与地球上完全相同的地震一类的破坏现象，可我们并不认为它们具有危害性的性质。之所以如此，一个简单的道理就在于它们与我们的利益无缘；而太阳出现黑子、彗尾擦地球而过则使我们感到恐惧，视为有危害性，也正因为攸关我们生死。

当今时代人类环保意识骤起。人们面对被自己折腾得百孔千疮的地球环境，惊呼"救救地球"！其实地球有什么可救的呢？良田沙漠化、森林消失、动植物绝种、大气污染、冰川消融、水源短缺，这些对地球来说有何关系——不过是物质与能量的重新组合（物质不灭，不过是转化了吧）。需要拯救的却是我们自己、我们的孩子们、我们的子孙后代！人们依赖环境于是环境便有了好坏优劣

---

〔1〕 上述巴西的情况参见《参考消息》1991 年 4 月 16 日第三版。

之分。当我们从地球环境中贪婪攫取我们的需要和利益时，这地球显得多么慷慨和可爱；一旦"攫取"反过来又威胁我们现实和未来的生存发展，于是这环境又变得那么狰狞和难看，地球本身相对于人类的长远利益也就有了"被破坏"和"需要拯救"之意义。

生活中人们往往就是这样将自己的利益感受、自己的善恶评价强加于客观事物，视为是事物自身固有的属性。而事实上"自然的东西自在地是天真的，既不善也不恶，但是一旦它与作为自由的和认识自由的意志相关时，它就含有不自由的规定，从而是恶的。人既然希求自然的东西，这种自然的东西早已不是纯粹自然的东西，而是与善，即意志的概念相对抗的否定的东西了"[1]。

6. 误解与重新约定

长期以来，刑法学界在对社会危害性的表述上，分别使用着"特征""基本特征""本质特征""本质""质""质的规定性""本质属性""属性"等多样化的术语。对这些在术语使用上的纷争是非我们这里且不作分析，只从对社会危害性的哲学意义的理解来看，传统理论事实上并不存在分歧，普遍认为社会危害性是犯罪行为的一种固有属性，只是强调该属性不是凝固、僵死的，而是随着行为所依附的社会条件的变化而变化的。这种观点，好像既坚持了唯物论——从客观事物本身来说明该事物，又贯穿了辩证法——揭

---

〔1〕［德］黑格尔：《法哲学原理》，范扬、张企泰译，商务印书馆1961年版，第145页。

示了犯罪行为同社会条件之间相互作用的辩证联系，考虑得面面俱到，似乎无懈可击。但其实这只是一种机械的被动决定论（关于这一点，本书后面将作详尽的分析）。传统理论由于一开始在立论基础上对"属性"的理解就产生失误，导致理论展开后对"变化"的分析不过是停留在现象上作一些简单的事实性描述，既不能揭示社会危害性发展变化的根本原因，更难以解释为什么在同样的历史条件下不同的人们对同一行为是否具有社会危害性（是否构成犯罪）会作出截然不同的判断，也就无法回答在此情况下究竟应以哪些人的判断进行取舍而对行为人作出生杀予夺的裁决的最要害的问题（从立法到司法都存在这一问题）。由此也导致在对犯罪的其他两个特征——刑事违法性和应受刑罚处罚性的理解上产生不同程度的观念错位，始终未能把握住犯罪概念中所包含的事实现象随一定主体利益而定性的必然性规律。

根据上述分析，我们有必要对"属性"问题作一点约定，以求得较一致的前提而全面展开对社会危害性问题的讨论。在法学的范围内，虽然社会危害性并非行为的固有属性，但它却依附于行为才能表现，是行为之"性"。行为是社会危害性得以存在的必要条件和前提。就这一意义来看，社会危害性具有从属于行为的性质，称它为行为的"属性"未尝不可。这里有一道难以摧毁的观念防线，有一股无法扭转的语言表达约定俗成的习惯力量。更何况传统哲学并没有给我们提供一个易于理解和接受的语词来表述这一概念，称它为行为的"人为规定性""价值""负价值"，从直观的效果看似乎都太费解。好在不带成见的探索只需要暂时性的概念就足矣——我们不妨还是借用"属性"这一提法。为了便于区别，将行为本原意义上的属性表述为"自然属性"——相对于自然赋予而天生具有的属性；将行为的社会危害性表述为"社会属性"——相对于特定的社会历史条件、特定的认识主体才具有的属性。本书后文将在这一规定性的基础上使用"自然属性"和"社会属性"这两个概念。[1]

第三节　社会危害性在价值判断中才得以显现

7. 价值判断的范式过程

社会生活中人们对事物的认识总是具有两方面的内容：一方面是弄清事物固有的自然属性，从而知道事物本身是什么，其内在的规定性和外在的结构如何；另一方面是弄清该事物同人类自己的生存和发展的关系，从而知道事物对人们利益的正、负或中性的作用。前一方面属于人们认知客体、寻找真理的认识活动，是一种事实判断的过程；后一方面属于人们评价客体、把握价值的认识活

---

〔1〕关于"善""恶""社会危害性"一类的价值词能否表述为是事物的"属性"问题，西方的学者们长期以来争论不休。有的认为它们是"经验的、自然的属性"，有的认为"是一种形而上学的属性"，有的认为"是一种难以界定的非自然、非经验的属性"，还有的认为它们"并不表示自然或非自然的属性"。参见〔美〕R. B. 培里等：《价值和评价——现代英美价值论集粹》，刘继编选，中国人民大学出版社1989年版，第10~11页。

动，为一种价值判断的过程。事实判断是价值判断的前提，而价值判断则是事实判断的目的。二者的关系简单说来，就是哲学认识论范畴中真理与价值的关系问题。"价值问题及其与真理问题的关系，是人类实践和理论上始终具有普遍意义的重大问题。对于这一问题的思想处理，不仅构成人类思想史的内容，而且自然地反映着人类社会在实践基础上所达到的思维方式和理论水平。"[1]

在法学领域对社会危害性的认识上，上述哲学思想对澄清大量混乱的观念和想法开辟了一条走出迷宫的路径。在人们对犯罪行为这一客观事物的认识过程中，同样包含着事实判断和价值判断这两个不同的认识范畴。对行为自身的物质构成因素的考察，需要把握实施犯罪的时间、地点、方式、动作轨迹、主体、客体、后果、动机、目的和罪过等要素，这些都属于事实判断的范畴。在这个过程中，人们可以得到对行为自然属性的认识，是作为还是不作为、是下意识还是上意识、作用力的方向和程度如何、物质场合状态的反应怎样，等等。在此基础上，人们自然会将行为的自然属性同自己的利益要求联系起来考虑，从而得出行为是"好"还是"坏"（有社会危害性）、是极好还是极坏的认识结论，这后一步的认识显然已经超出了事实判断的范畴，它属于价值判断这一新的认识范畴。在人们对具体行为的判断过程中，虽然这两个思维层次往往搅在一起，难以分清，或者说是同步进行的，但至少我们从认识论的角度能够将它们撕裂开来，能够将人们受习惯思维定式影响而形成的简

_____

〔1〕 李德顺：《价值论》，中国人民大学出版社 1987 年版，第 31 页。

单判断模式还原为较清晰的范式过程。尤其是在我们对未知领域新事物的认识过程中，这两个不同的认识层次的分野是更为明显的。

近些年来在我们对"安乐死"现象的认识上，非常生动地证明了这一点。过去我们并没有关于安乐死的任何知识，只有"自杀""他杀"一类的概念。20世纪80年代我们许多人才隐隐约约地从来自国外的报道中得知了这一新事物，尔后中国大陆也出现了第一例见诸报端的"安乐死"案件。[1]1988年1月，中央人民广播电台对"安乐死"问题专门组织了全国范围的广泛讨论。由于这个问题关系到人的生命——也许将来会关系到我们每一个人自己的生命，大家自然十分关切。在对安乐死的认识过程中，人们首先并不是急于作出是非结论而是力图搞清楚事实真相：究竟什么是"安乐死"？它是病人不堪于病魔折磨而自己采取的自杀行为还是医生或家属的他杀行为？以什么方式结束生命？是不是死得安逸快乐？基于哪些考虑、达到何种程度可以要求以该形式放弃生命？谁可以提出这样的要求（病人、家属还是医生）？对诸如此类一系列构成安乐死的事实问题的了解，就属于事实判断的过程。而只有获得这些认识以后人们才有可能并也会自然地转向价值判断的过程——联系自己的生活经验、感受及方方面面的利益而得出见解：是有害、还是有利、还是无所谓？是可取、还是不可取？附什么样的条件可取或不可取？显然，前一过程的事实判断是后一过程价值判断的必要

---

[1] 1986年6月，陕西省汉中市59岁的女患者夏某因肝硬化于住院期间被医生及家属施以"安乐死"。详情见《民主与法制》1987年第8期。

前提（无前必无后），但两个思维层次明显是分离开的；并且，前一过程判断的正误及程度必然影响后一过程价值的取舍。而一旦我们获得对"安乐死"问题自以为是的"全面认识"以后，事实同价值也就合为一体了，新事物成为旧框框，再如此类的现象循着既定的观念往里装就行了。

社会危害性属于价值判断的范畴，它是人们在价值判断中所得到的对特定事物所产生的一定价值的认识。要较透彻地理解这一点，我们就不得不对哲学价值论的内容作一些了解。美国心理学家马斯洛指出："我相信我们也需要谦虚地无约束地承认，我们是被迫对价值问题关心的，不仅是由于科学和哲学的内在逻辑的驱使，而且也由于我们的社会文化或宁可说我们的整个种族当前所处历史地位的促动。"[1]美国法学家庞德也就法学的方法论问题谈道："价值问题虽然是一个困难的问题，（但）它是法律科学所不能回避的。即使是最粗糙的、最草率的或最反复无常的关系调整或行为安排，在其背后总有对各种互相冲突和互相重叠的利益进行评价的某种准则。"[2]

关于价值判断的内容及方法问题，我国哲学界至今尚在就建立较完善的理论体系进行探索。但就已有的成果来看，已经形成一个博大精深的恢恢体系了。将其较完整地移植于法学领域显然远远超

---

〔1〕［美］马斯洛：《人性能达的境界》，林方译，云南人民出版社1987年版，第154页。

〔2〕［美］罗斯科·庞德：《通过法律的社会控制》，沈宗灵、董世忠译，商务印书馆1984年版，第55页。

越了我国法学本身的时代要求。但是，要从根本上及在科学的意义上说明问题，我们又不得不向这种非常有启发、有说服力的思维方法靠拢。故此，我们就中国法学界的现状提出一种人们情理上容易接受的、大致的（并不具有严密的科学性）价值判断方法，其要点为：①确定一定的价值客体，即存在着人们认识和实践的特定对象；②确定一定的价值主体，即对价值客体进行认识和实践的人；③确定进行判断的价值标准，即价值主体根据理性和既往生活经验而形成的需要和利益。

以上三点，是进行价值判断最起码的条件，缺少其中任何一个条件，价值判断都无法进行，价值也无从产生。在三要素具备的情况下，价值主体以一定的价值标准为参照系，对价值客体的自然属性与自己的需要和利益之间所形成的关系事实进行评价，从而得出客体是否符合自己需要和利益的价值结论。诸如"这朵花很美""那个人很坏""苍蝇是有害的""盗窃是有社会危害性的"一类的判断，就是这样作出的。这里的"很美""很坏""有害的""有社会危害性的"都属于价值结论。

在浅显的观念层次上，可以将上述价值结论归附于客体、视为是客体本身所具有的一种属性，花儿似乎天然就具有美的属性，而盗窃天经地义就是危害社会的行为。一旦这种观念在人们头脑中定型并沉淀下来，未来生活中在对同一类客体的认识上事实判断和价值判断也就融为一体了。事实本身就意味着一定的价值，而价值也就表现为活生生的事实，价值词（如"好""坏"）在特定的语言环境中也就具有了描述某一客观事实的功能。在刑法的领域内，一提到某种具体的犯罪行为，人们自然会意识到危害了社会；一提到严重的社会危害性（价值词），形象思维中又会将之联想为活生生的犯罪。而对科学的理论刑法学来说，要揭示犯罪概念的真谛，就必须将这种一元化的认识还原为两个基本的层次。

8. 能否逾越事实和价值之间的鸿沟

对东西方文化作一些比较分析，"东方人的心态主要是一种内倾心态，而西方人的心态则主要是一种外倾心态"。[1] 从总体上说，中国传统文化是重内倾超越，西方文化是重外在超越，这一般被公认为是中西文化之根本差异。在东方的传统文化中，受土地、河流、气候等封闭型的自然环境因素的强大制约，"天人合一"的观念深深地笼罩着我们，事实判断和价值判断始终是合为一体的。变幻莫测、雷霆万钧的自然界本身就包含着人的命运、利益和一切可能，反过来，人们的所想所求都应顺乎自然而为之。"天地之性，人为贵"，中华民族在历史的嬗变中越来越趋于在内倾的道德修持上去把握自然界及人伦关系中的价值和秩序。

在西方文化中，受海洋洗礼的民族似乎先天就具有一种开放型的思辨气质。自从接受了希伯来的宗教信仰后，越超世俗的上帝便成了人间秩序和所有价值的源头。由此思维定式而律动，必然导致

---

〔1〕 这段话为瑞士心理学家荣格所概括。转引自〔美〕霍尔等：《荣格心理学入门》，冯川译，生活·读书·新知三联书店1987年版，第19页。

"预定一个关于事实和价值先验分离的前提"的哲学认识论的出现。休谟、康德及后来的一批哲学家们在事实和价值之间挖出了一条不可逾越的鸿沟。休谟有一个著名的观点，他认为评判式判断（价值判断）不能从任何仅仅包含事实陈述（事实判断）的前提中推导出来。从逻辑上说，前提中没有的信息在结论中亦不应有；换言之，即在结论中获得的信息必须储藏于前提之中。"世界是由事实和事物、树木、河流、孩子们组成的，价值判断不是这个（物质）世界的组成部分。对事实的评价总是在关于人的某方面的态度、感情和决断的基础上发生的。关于事实的知识不告诉我们关于事实的价值，……当一个人仅以事实的陈述去论证一种价值判断的可接受性时，他就犯了一个逻辑错误。因为在结论中所提供的'信息'，并不是'储藏'于前提之中的。"[1]例如，从"甲一怒之下开枪杀死了乙"的事实判断的前提中并不能推出"甲的行为是有害的（有社会危害性的）"的价值结论，因为前一判断仅仅是对某种事实状态的客观描述，其本身并不包含"有害"还是"无害"的信息，对任何人来说，只要他尊重客观事实都会作出这种描述；而后一判断又仅仅是人们的一种感情态度——不同的人有不同的感情态度，它并不当然地蕴含于前一判断之中。

休谟就此也同样例证道："就以公认为罪恶的故意杀人为例。你可以在一切观点下考虑它，看看你能否发现出你所谓恶的任何事

---

〔1〕 这段话系多伊舍对休谟等人观点的概括。引自［美］R. B. 培里等：《价值和评价——现代英美价值论集粹》，刘继编选，中国人民大学出版社1989年版，第177~178页。

实或实际存在来。不论你在哪个观点下观察它，你只发现一些情感、动机、意志和思想。这里再没有其他事实。你如果只是继续考究对象，你就完全看不到恶。除非等到你反省自己内心，感到自己心中对那种行为发生一种谴责的情绪，你永远也不能发现恶。"[1]

自休谟开事实-价值二元论的先河之后，200 多年来西方哲学界及法学界追随者不乏其人，一大批哲学家在实证主义哲学的基础上更是强调事实同价值的重要区别。在这股哲学思潮的冲击下，从实然的事实而直接演绎出法律之应然精神（价值）的古典自然法学派就逐渐失去了地盘，各种著名的法律理性论断都被看作是无效的推论。孟德斯鸠在《论法的精神》一书中将事实和价值混为一谈的学说似乎更不值一驳。但近几十年来，西方又有一些思想家试图向这股思潮发起反击，力求在事实和价值的鸿沟之间（承认二者之间有鸿沟、有重大差别）架起一座过渡的桥梁。"富裕社会自身也在要求人们'追求审美、渴望一致'，恢复'天人合一'，充实心灵。"[2]甚至有人把问题的解决寄希望于"非西方文化反常的（思维）方式"，希图以此"开启一个新的视角"。[3]

我们不禁要扪心自问：我们东方文化的理性思考中真有这样一

---

〔1〕［英］休谟：《人性论》（下册），关文运译，商务印书馆 1980 年版，第 508~509 页。

〔2〕［美］马尔库塞：《爱欲与文明》，黄勇、薛民译，上海译文出版社 1987 年版，序言第 9 页。

〔3〕参见多伊舍："事实与价值的两分法能维系下去吗"，载［美］R.B. 培里等：《价值与评价——现代英美价值论集粹》，刘继编选，中国人民大学出版社 1989 年版。

座"桥梁"吗？事实上我们从来就是事实-价值的一元论者，甚至可以说并无这种本体论的观念。我们无意识地在事实和价值之间自由自在地往来，并不感觉到有"鸿沟"的存在，又何须自寻烦恼地去架设什么"桥梁"呢！"西方哲学家在纸上进行逻辑运算所不能解决的问题，在现实生活中解决得竟是这样自然而方便。"[1]就连休谟自己都感叹道："哲学家们费了极大辛苦所作的思辨推理，世人却往往不经思考就自然地能够形成；因为在理论上似乎不可克服的困难，在实践中却很容易得到解决。"[2]

或许神秘的东方文化中真有一座西方学者们所寻觅的"桥梁"，"天人合一"的观念在灵性的悟者心中另有一番意蕴，或者像多伊舍所说以非西方文化的新视角"甚至那些使事实与价值区分开来的预设也可以重新得到审查"。但那似乎是一个大彻大悟只能意会的极高境界，按马斯洛的说法那必须是"非常受纳地谛听，以道家的方式谛听"。[3]对凡人们来说，那真是太玄妙而无望跨入的。即使我们能在理性上一步跨入这种境界，走捷径也并不总是好事，它会失去对曲折艰难过程的许多深挚的感情和体会。

美国当代学者沃勒斯坦对西方学者中这种"东方主义"情结谈

---

〔1〕 李德顺：《价值论》，中国人民大学出版社1987年版，第369页。

〔2〕 ［英］休谟：《人性论》（下册），关文运译，商务印书馆1980年版，第614页。

〔3〕 马斯洛本身是一个事实-价值一元论者。他认为价值内含在事实之中，"应该性是深刻认识的事实性的一个内在固有的方面"。参见［美］马斯洛：《人性能达的境界》，林方译，云南出版社1987年版，第八章"事实和价值的融合"（第106~107页）。

道："东方主义者认为自己是这样的人：他们竭尽全力对非西方文本进行广博的研究，以便理解非西方文化，以此他们孜孜不倦地表达他们对非西方文明的富有同情心的恰当评价。他们以这种方式所理解的文化当然是构造出来的，一种由来自不同文化的人所作的社会构造。现在正是这些构造的有效性受到了抨击，而且是在三个不同的层次上受到了抨击：这些概念不符合经验现实；它们过于抽象，因此消除了经验世界的多样性；而且它们是带有欧洲人偏见的推论的产物。"[1]看来我们还得按照人类主流文化观念（不同民族的文化始终存在着一种整合趋势，即形成所谓的主流文化观念，现代社会这一进程且在加快）的范式过程去架设跨越事实-价值之间鸿沟的桥梁，并通过"桥梁"在事实和价值之间理性地往来。

其实，这座"桥梁"似乎一点也不神秘——铺一块木板就能到达彼岸；它就是事实判断和价值判断同一的判断主体——现实生活中的人本身。"人是一个属于两个世界的公民，一个是自然世界，另一个是价值世界，而且他还致力于在这两个世界之间架起一座桥梁。"[2]事实（自然世界）是主体认识和实践活动的对象，而价值则是同一主体在有目的的活动中所得到的感受，于是事实与价值就通过主体的中介活动而联系起来。对这一点几乎再用不着我们这些哲学外行作任何进一步的论证，即使作"论证"也只能是贻笑大

---

〔1〕 沃勒斯坦："进退两难的社会科学"，载《读书》1998 年第 2 期。

〔2〕 转引自〔美〕E. 博登海默：《法理学——法哲学及其方法》，邓正来、姬敬武译，华夏出版社 1987 年版，第 196 页。

方。关于认识主体如何在事实和价值之间起着中介作用，李德顺先生在《价值论》一书中已作了较充分的阐述。[1] 本书在这里穿插纯属哲学范畴的一大段论述只是想说明几个问题：

第一，确立"关于事实和价值先验分离的前提"对建构刑法学乃至整个法学的基本理论体系具有极重要的方法论意义，它能清楚地揭示行为的"社会危害性"的来龙去脉；"社会系统的成员共同坚持的价值取向系统可作为分析社会系统本身的结构与过程的主要参照基点，这一点可看作是现代社会学理论的主要原则"。[2]

第二，事实-价值二元论并非本人所创，笔者不过是步人后尘而已；对"二元论"也许中国的一些刑法学者们还十分陌生，但我们有必要对之认真研讨一番。

第三，承认事实-价值二元论并不意味着同时也必须承认二者之间有不可逾越的鸿沟，其实我们能够设法架起跨越的桥梁；但这种纯哲学的课题最好还是留给哲学家们去论证，法学家不需要也做不了该由哲学家们干的事。我们大体上跟着哲学的感觉走即可。

9. 价值结论的三种基本取向

在价值判断中，价值结论有三种基本的取向：①正价值——价值

---

[1] 李德顺先生似乎并非事实-价值二元论者，但其思想对"架设桥梁"颇有启发。

[2] ［美］帕森斯：《现代社会的结构与过程》，梁向阳译，光明日报出版社1988年版，第140页。

主体对客体感到可取，该事物有利于价值主体；②负价值——价值主体对客体感到不可取，该事物有害于价值主体；③零价值（或称中性价值）——价值主体对客体感到无所谓，该事物既无利也无害于价值主体。在通常情况下，人们对尊老爱幼的行为会作出正价值（可取、有利）的判断；对欺负弱者的行为会作出负价值（不可取、有害）的判断；对一些古怪的个人行为会作出零价值（既无利也无害）的判断。而社会危害性作为一种价值结论，它不过是社会中的一定主体对某类事物所给其带来的负价值的判定。

社会危害性既然属于价值判断的范畴，那么对于它的认识也必须具备价值判断的三要素。下面我们就按照价值主体、价值标准、价值客体的顺序对三要素逐一进行分析。

第四节　社会危害性的判断主体——社会主文化群

10. 不同主体有不同的价值取向

社会危害性是价值主体所作出的负价值的判断。这里的价值主体，并非囊括社会所有成员，而是有一定范围的。首先，不同社会形态、不同国家的人们对同样行为的价值取向可能差异极大、甚至截然相反。"某人在甲地是罪犯，在乙地未必是罪犯。……两者唯一的差别在于价值准则和价值尺度不同。"[1]以对同性恋行为的评价为

---

〔1〕　这段话为法国学者亨利·拉博里所述。参见《信使》1984 年第 3 期。

例：在一些西方国家中，许多人都认为同性恋只是个人基于自身情境因素而作出的一种选择，它完全不妨碍或基本上不妨碍他人或社会的利益，出于对个人选择权利的尊重，因而对之作出正价值或中性价值的判断；在我国，人们一般认为同性恋是违背异性相恋规律的，有悖于传统伦理秩序，至少令人心理上厌恶，因而对之作出一定负价值的判断；而在中东一些国家，人们普遍认为同性恋是极大的恶行，对之作出强烈的负价值的判断。虽然人类社会有许多带普遍意义的共同价值观念，如大都认为谋杀、劫财、放火、强奸是恶行，但就法律领域内讨论社会危害性来说，其判断主体应当限制在特定的国家、特定的法律秩序下才是最有意义的。其次，就特定国家、特定法律秩序下的公众们来说，也并不都是整齐划一的社会危害性的判断主体。"根本就不存在可以代表整体的公众，如果要理解法律文化，你就必须谨慎地确定一个有关公众的概念，在涉及不同问题时，这将是一群不同的人。"[1]不同的阶级、不同的党派、不同的阶层、不同的民族、不同的利益集团对同一事物的看法合理地可能有差异、甚至会激烈冲突。还以对同性恋的评价为例：在我国现阶段，有少数人认为是有利的，一部分人感到无所谓，多数人视为不道德，还有一些人则痛斥为十恶不赦。同一行为与不同认识主体之间必然会形成不同的利益（价值）关系，因而不同的主体自然也会有不同的价值取向，在对新事物的认识上这种现象尤为明

---

〔1〕 转引自［英］科特威尔：《法律社会学导论》，潘大松等译，华夏出版社1989年版，第163页。

显。复杂的社会生活总是会不断创造出各种各样光怪陆离的新事物，同时也就创造出了人们对新事物千姿万态的感情和态度。而一个符合人性的、自由自在的社会也必然同时是一个多元价值观念共存并相互碰撞的社会。英国当代自由主义思想家艾赛亚·柏林针对西方思想传统中的核心观念——即认为所有问题都必然有一个而且也只能有一个正确答案的认识——提出尖锐的批评。他认为在人类意见最分歧的道德、政治、宗教、文化及其终极价值这些重大问题上，恰恰并不存在一个唯一正确的答案；一定要在不同答案之间裁判真理与谬误，实际上只能是"强权即真理"；而把人类在价值观上的分歧和冲突看成是真理与谬误或善与恶的斗争，正是人间血流成河的根源。[1]

既然人们的价值观念并无正误是非之分，那么在对人类行为社会危害性的判断上究竟应以谁的态度、谁的价值取向为转移呢？

11. 国家只是形式上的判断主体

在法律领域内从外观形式上看，一种行为是否具有社会危害性、是否应确认违法或犯罪的性质而追究法律责任，其决定性因素当然是以统治者（国家立法者）的意志为转移的。但问题的症结在于：国家立法者将其认为有社会危害性的行为规定进法律中，予以禁止、施以处罚，从根本上说其只是代表社会生活中一定的人们去进行价值判断——仅仅是以代言人而绝非代理人的身份出现。"人

---

[1] 参见甘阳："柏林与'后自由主义'"，载《读书》1998 年第 4 期。

们所必须希求于国家的，不外乎国家应是一种合理性的表现，国家是精神为自己所创造的世界。"[1]国家（也包括其他任何组织形式）从终极意义上考查，不过是自然人的一种组合；更确切地说，不过是自然人在观念上的一种组合。"一种社会制度不过是公众精神的一种规定的和确立的状态，在基本性质上与公众舆论没有什么不同。"[2]国家本身不应该有自己独立的价值观，国家的价值观必须能够还原为一定群体的价值观，一定群体的价值观又必须能够确证为构成群体的每一个人所大体具有的价值观。[3]这样的立法观念才是合理、正义、并能够持久延续的。英国现代著名的思想家罗素就此指出："人生中真正有价值的东西是个人的，而不是那些发生在战场上、政治斗争中或群众以整齐步伐向着外界强迫的目标迈进时的事情。有组织的社会生活是必要的，但它的必要性体现在机制方面，而不是体现在它本身的价值上。……人们情感上的统一只有在较低的水平上才会实现。"[4]美国学者麦克多纳耳德也谈道：

〔1〕［德］黑格尔：《法哲学原理》，范扬、张企泰译，商务印书馆1961年版，第285页。

〔2〕［美］库利：《社会组织——对共同心理的研究》，转引自［美］约翰逊：《社会学理论》，南开大学社会学会译，国际文化出版公司1988年版，第403页。

〔3〕虽然构成法律制度基础的公众舆论并不是社会每一个人意见的简单相加，公众舆论是现实生活中因人际交往而产生的新的层次，是大于部分之和的整体，并且个人的任何意见、情感和价值观都只有在群体的氛围中才能形成，但群体价值观的终极载体却又只能是个体的观念状态，对群体价值观的把握只有在活生生跳动着的个体观念中才能获得。故此，这里的"还原""确证"的基本过程应是成立的。

〔4〕［英］罗素：《走向幸福——罗素精品集》，王雨、陈基发编译，中国社会出版社1997年版，第383~384页。

"平凡的公民总是企图实现，或者期望他的领导人实现他的朦胧但却坚定的信念：他不是政治棋盘上一名单纯的小卒子，也不是任何政府或统治者的私有财产，而是活生生的、有自己独立见解的个人。正是为了他的缘故，才有所谓政治，才建立了政府。"〔1〕

当然，人类几千年的国家史和法律史几乎都不是这样书写的，历史上代表国家的立法者仅凭个人的好恶而任意专断的立法的事例不胜枚举。但是，从基本的方面考查，立法者总是代表着一定的社会群体而行事的，不可能偏离太远。"一项法令的真正制定者，不是立法者个人，而是群体，立法者不过是这个群体的忠诚或不够忠诚的代言人而已。"〔2〕"一位暴君或一个疯子的想入非非从来就不曾有过长久的作用。这是因为法律规定是由比个人意志更为深刻的因素所决定的。"〔3〕美国法哲学家博登海默也就此例证道："纯粹的专制君主是根据其自由的无限制的意志及其偶然的兴致或一时的情绪颁布命令与禁令的。……（但）历史上记载的大多数专制主义形式，没有表现出上述纯粹专制统治的一些极端特征。因为一些根深蒂固的团体或阶级习惯一般都受到专制君主的尊重，而且私人间的

---

〔1〕 转引自［美］彼彻姆：《哲学的伦理学》，雷克勒等译，中国社会科学出版社 1990 年版，第 309 页。

〔2〕 ［法］布律尔：《法律社会学》，许钧译，上海人民出版社 1987 年版，第 71 页。

〔3〕 ［法］布律尔：《法律社会学》，许钧译，上海人民出版社 1987 年版，第 92 页。

财产关系与家庭关系通常不会被扰乱。"〔1〕历史上以"朕即国家"自居的专制君王们纵然握有实施无限专制统治的权力，但只要还稍具一些理智、稍求一点作为，他们都不可能真正有随心所欲、完全不受制约的"自我国家"意志；他们不得不局限在历史和民众为他们所提供的极为有限的范围内折腾。专制社会况且如此，在今天能用理性描绘未来美好制度的时代，我们当然更无法承认国家（尽管它是一种政治实体）会有什么自己独立的意志和价值。

12. 法律之应然根源于国家之应然

既然国家没有自己独立的意志和价值、国家只是代表着一定的社会群体而行事，我们就还须从政治学的角度去分析国家究竟应该代表哪些社会群体的利益，静态的、法律规范中的价值判断（当为或不当为）究竟应体现动态的、活生生的哪些人的价值观呢？亚里士多德曾就这种研究思路指出："我们应将立法问题与一般的政体问题紧密地结合起来一起研究，以便尽可能完成我们对人类行为的哲学研究。"〔2〕

一个直观的现象——法律直接来源于国家的立法行为——逻辑性的思维方式引导我们探寻"法律应有的精神"必须从"国家应有的精神"开始挖掘，法律制度仅仅只是实现政治制度的一种技术

〔1〕 ［美］E. 博登海默：《法理学——法哲学及其方法》，邓正来、姬敬武译，华夏出版社1987年版，第222页。

〔2〕 转引自张乃根：《西方法哲学史纲》，中国政法大学出版社1993年版，第36页。

性措施。"现代法律机制的重要功能之一，是能够将道德上和政治上的争端转化为一个纯粹技术性的管理问题。"[1]在这种技术性的精巧外壳之内部，却深深地涌动着国家政治生活的股股暗流。所谓政治，说简单点就是对人的管理，表现为一种管理者对人们群体生活秩序的安排和控制的过程。在这个意义上法律始终从属于政治。法律之实然根源于国家之实然，法律之应然同样也根源于国家之应然。

在民主社会特定的法律秩序下，国家并不只是某一个阶级、某一个政党、某一个阶层或某一个利益集团的代言人，法律也不再是一个阶级对另一个阶级进行专政的工具。现代社会民主制度的核心在于人人都均等地享有按照自己意愿（利益）选择怎样做的权利，而不是由某些人事先来规定大家应该怎样做。"民主"在表象的层次上仅仅是一种选择机制，用法律的行话来说只是一种程序而并不涉及实体的内容。[2]只要某种机制能够保证所有公民了解方方面面的事实真相（正确的事实判断为前提）并根据自己的利益要求进行选择，这就是民主；至于选什么实体内容则完全无关紧要——选择的结果是灾难还是幸福都只能由民众们自己直接承受。

民主同专制的根本差别并不在于选择的结果（两者存在着选择结果完全相同的可能性），而在于选择的过程——是一个人或一些

---

〔1〕 ［英］科特威尔：《法律社会学导论》，潘大松等译，华夏出版社 1989 年版，序第 2 页。

〔2〕 就实质而言，民主的实现当然需要具备若干社会条件，但那是另一层次的实体问题——怎样才能建立起民主制度。

人进行选择还是所有人都能够进行选择。民主的决策过程是所有人都参与的价值选择（放弃也是一种选择），而专制仅仅只是个人的独断专行。虽然民主政治并不能保证多数人不犯错误，但较之于专制政治来说，它至少可以做到最少犯错误并在犯错误后能及时纠正错误。"任何民主制度都会自动地顺应国情，因为每个政治家要么忠于他的选民，要么失去他的地位。"[1]当然，对百姓来说，专制并不一定就意味着始终的灾难，民主也并非必然带来全过程的幸福，一切都取决于具体历史条件错综复杂的制约性。但从长远来看，民主的体制确有强大的生命力，因为它植根于社会所有人的长远利益、大多数人的绝对力量优势和人类特有的理性之中。

在民主的秩序下人们的利益始终在碰撞和冲突，代表人们不同利益的各种集团总是处于力量的较量之中。"每一个都在实现着自己的观念的各种各样的团体将代替一大群个人，其中每一个人都在一种永不终止的实际的或潜在的冲突或竞争中运用他的意志。"[2]在类的整体意义上，利益、力量或集团虽然是随机组合的，很难作截然划分，但在特定的时空环境中、在对具体事物的感受和评价上，却是绝对、衡定、顽固不化的。

力量同力量总要较量，力量对力量就要压迫。民主的选择机制事实上就是各种力量之间平等参与、公开进行的较量过程，较量的

---

〔1〕［日］森田明夫：《日本的创举——索尼公司发家史》，关天桐等译，四川民族出版社1989年版，第269页。

〔2〕 转引自［意］罗斯科·庞德：《通过法律的社会控制》，沈宗灵、董世忠译，商务印书馆1984年版，第5~6页。

结局绝不可能达成一个人人都签字接受的契约。（民主）国家在程序意义上似乎具有"契约"的性质，但在实体上却完全不具备这一点。"国家根本不是一个契约……反之，国家是比个人更高的东西，它甚至有权对这种生命财产本身提出要求，并要求其为国牺牲。"[1]较量（选择）的过程中，在为了维持"群体""类"的生存秩序的理性考虑和生物学意义上多数人所具有的强大力量的现实威胁两方面因素的作用下，必然会产生"少数服从多数"的竞争规则（或称"多数裁决规则"），[2]随之即在对社会的控制领域内形成强迫少数人就范的法律规范。少数人通过行为所追求的利益一旦与多数人的利益严重冲突时，这种行为最终就可能被多数人以国家和法律的名义强加上"社会危害性"的属性并受到制裁——社会危害性应该说就是从这里产生出来的。

13. 法律的终极效力

西方法学界所讨论的法律的终极效力——法律的效力从何而来

---

〔1〕 ［德］黑格尔：《法哲学原理》，范扬、张企泰译，商务印书馆 1961 年版，第 103 页。

〔2〕 尽管一个社会的所有公民采用少数服从多数的办法来决定社会公共事务这种"质朴的民主观"一直是当代东西方政治学家批评的对象，但本人仍坚持这一点。在我看来，"精英政治"并不能否定少数服从多数的规则。它充其量能看作是实现民主政治的具体技术手段。从民主的机理上讲，"精英"的作用仅仅在于咨询——以专家的身份从技术的角度提出利弊的方案，而决策的权力应掌握于民众。至少我们在纲领、旗帜和口号上要大肆鼓吹这一点。如果不这样认识，我们就没有理由不怀疑存在着精英政治沦为专制政治、精英们成为寡头的极大危险。

的问题，[1]我们从国家之应然模式中似乎可以找到答案。民主制度下法律的终极效力就简单地根源于多数人在数量上所占有的绝对优势。"最大的力量来自最小的源头"，构成社会的终极单位是个体的人；由个体到群体再至社会的主流群，从而凝成一股令少数男女们无可奈何的"最大力量"。少数人的价值观念本身无所谓是与非——不过是其实在的利益要求，而一旦这种要求同多数人的利益冲突时，在通过正当程序的较量后其自然会获得"邪恶""危害"一类的社会属性。在这里，多数人仅仅是依靠数量上的绝对优势强迫少数人就范，而人类所具有的理性并不直接为多数人所创制的法律支撑效力，多数人具有理性而少数人可能更具有理性。理性只是我们所有人为创造美好生活而建立民主制度本身的动力和共识。在为了维持群体秩序不至混乱和解体的理性考虑面前，究竟该谁服从谁呢？为什么多数人又不可以服从少数人呢？其实在许多方面只要能理智地作出这种服从，秩序将依然稳定而且也许更和谐。但我们能做到这一点吗？人类的认识能力十分有限却往往又自以为是并固执己见，只有自己感知的东西才真实而圆满。既然人人都不过如此而已，我们又凭什么会服从别人呢？这里除了数量和实力的较量外还能找到什么正当的途径和理由呢！

人类只是地球这个拥挤不堪的星球上许多生命群体中的一种，地球环境对所有生命群体构造的生存竞争的生物学规律将永远支配

---

〔1〕 在认识论上，任何事物都是无法找到"终极"意义的。但若将问题限制于某一领域、某些层面上，对"终极"的讨论便有助于获得相对解决问题的认识。

这些群体。人类虽然侥幸地获得了观念和理性而摆脱了动物生活方式自成一个生命体系，但左右动物群体的"弱肉强食、适者生存"的自然法则仍将始终左右人类，人们在群体生活中时而显意识地表现这一点，时而又潜意识地受制于这一点。不管人类的理性达到何等高度，不管我们自命为摆脱了多少动物本能而又获得了多少"人"的灵气，只要我们仍旧还属于地球生物圈的成员，这个圈子为其所有成员构筑的樊篱就无法被冲破。对动物来说，主要是受制于生存资源持续不断的匮乏——动物若能无竞争地获得生存条件则将失去自身；对人类来说，主要是受制于认识能力及理性永恒的局限（资源是随着认识能力的扩展而扩展的，即所谓的"资源有限、创意无限"；[1]正因为类的延续上的创意无限才决定了每一代人创意的有限）——人类若能预见未知的一切则将失去已知的一切！难以尽知（不知道最终的真理和价值何在）反而使我们在有所知道的范围内变得自以为是，自以为是又使我们无法服从，无法服从便欲强加于人。"我们每个人都有一种长处是全然独特无双的；所以我们才是我们自己。我们满怀着这类令人宽慰的念头而去与世界进行搏斗；没有这些，我们就会丧失勇气。"[2]由于这些，于是我们所有人最终都不得不屈从于地球生物学的规律及其由此而专为人类衍生的"少数服从多数"的规则。

---

〔1〕 这是韩国面对极度贫乏的自然资源而激励全体人民进行奋斗的口号。

〔2〕 ［英］罗素：《走向幸福——罗素精品集》，王雨、陈基发编译，中国社会出版社 1997 年版，第 506 页。

在专制制度下，法律之终极效力仍然根源于社会的大多数人——但并非根源于他们的力量而是根源于他们的软弱、愚昧、贫穷和麻木，正是由于芸芸众生的浑浑噩噩、逆来顺受，才致使少数人创制的法律产生效力而得以通行、得以压迫并无反抗意识的大多数人。在这里，少数人在物质方面并无任何力量——统治者所依赖的所有物质力量——军队、城堡和粮食都是由民众们创造并维系的；他们完全是依靠从远古相袭而来的伦理、宗教乃至神话故事所构成的民族观念体系而塑造对自己巨大的精神崇拜才得以保持秩序的。

专制条件下的社会状态是与自然法则背道而驰的。这里并不存在实力与实力的较量而只存在精神对精神的钳制——人类特有的本质和力量在特定的发展时期一种异化或乖离的表现。一旦这些精神偶像被粉碎后，剩下的就只是人与人之间实力的较量了——少数人自然是不堪抵挡、溃败而逃。

14. 亚文化群与主文化群

在讨论社会危害性的判断主体时，除了有必要从政治学的角度去探讨一些"国家应有的精神"外，要进一步透彻地说明问题还须从社会学的角度引入"亚文化群"和"主文化群"两个概念，否则本文所提出的观点就很有可能被误认为是一种多数人对少数人强制实行专政的翻版阶级斗争学说。

法律对社会危害性的判断从根本上说是一定人们价值观念的反映，而人们的价值观念又只是其所依附的民族的文化观念的一个组成部分。对特定社会中的所有人们可以统称为国民文化群，而国民文化群大体又可以分为亚文化群和主文化群两个部分。"亚文化群概念是指某一国民文化的分支，它是由阶级地位、种族背景、居住地区（城市或乡村）、宗教渊源这类社会情境因素的结合构成的，但是它们一经结合在一起就形成了某种具有一定功能的统一体，对有关个人产生一种综合的影响。"[1]"除非一个群体共同享有违反主体文化某些重要价值观念的意义和行为要素，（否则）我们不能把它归为亚文化群之中。"[2]两种文化（价值观念）群体的划分为我们确定社会危害性的判断主体提供了更明确的思路。[3]

刑法意义上的社会危害性从根本上说不过是社会主文化群所作出的一种价值判断，或者说不过是社会上大多数人共有价值观在刑法领域内的具体反映。社会大多数人总会产生一些共同的利益追求、积淀成共同的善恶判断标准，从而结成在价值观念上占主导地位的社会主文化群。基于主文化群的价值观念就会形成要求社会所有人必须接受的法律规范。亚文化群的少数人们尽管利益迥异、价值观念相左，但在对被法律所规范的行为的选择上还只得服从，否则将招致共诛，从而"为国牺牲"。

---

〔1〕 ［美］道格拉斯、瓦克斯勒：《越轨社会学概论》，张宁、朱欣民译，河北人民出版社1987年版，第96页。

〔2〕 ［美］道格拉斯、瓦克斯勒：《越轨社会学概论》，张宁、朱欣民译，河北人民出版社1987年版，第96页。

〔3〕 西方的学者们并非从这一角度去划分两种文化群体，而是从产生越轨行为的原因的角度作出"亚文化群"的解释。但这种解释对我们确定社会危害性的判断主体具有重要的启发意义。

须指出的是，亚文化群同主文化群的主要划分标志仅仅在于"重要价值观念"的不同而并不在于受教育程度的高低，而之所以价值观念不同又在于多方面"社会情境因素"的不同，受教育程度的高低只是决定价值观念的重要的情境因素之一。以此为标准，社会上少数受教育程度极高的学者们并不一定当然属于主文化群，一旦他们的价值观念与多数人的价值观念冲突时，他们理所当然也只能被归进诸如黑社会组织、边远闭塞地区的居民、部分宗教或迷信的群体等一类相对稳定的亚文化群之流中去了。"群体内部的合作永远都是不完善的。总有一些意见并不一致的成员，他们在字源学的意义上，就是'异常的'，也就是说，是在群体之外的。这些成员是低于或高于通常水平的那些人。他们是：白痴、罪犯、先知和发明家。一个明智的群体，就要学会容忍超出常人的那些人的怪癖和尽量少残忍地对待那些低于常人的人。"[1]

这里还应注意的是，亚文化群的范围并不总是整齐划一的，而是带有极大的随机性。它的队形往往是随对具体事件、具体行为的价值评价而不断变换、临时组合的。在当今时代，与社会一般文化观念完全隔离的群体极为罕见，即使是黑社会组织，其在对某些行为的价值评价上仍可能附合于主文化群。当某一利益集团的成员在对某一行为的价值评价上与多数人的价值观相一致时，该利益集团至少在该问题上只能被视为主文化群之一流；而在对其他行为的价

---

〔1〕〔英〕罗素：《走向幸福——罗素精品集》，王雨、陈基发编译，中国社会出版社 1997 年版，第 570 页。

值评价上又与多数人的价值观相悖时，该利益集团又只能被归于亚文化群之中。

并且，社会利益集团本身在多数情况下也是随机组合的。当需要对婚姻家庭问题进行立法评价时，独身者们不约而同很自然地会形成一个利益集团同已婚夫妇们相抗衡，以防止立法者将社会的财富和利益向已婚者们作过多的倾斜。但在一个正常的社会结构中独身者的势力未免太单薄，故这个利益集团被归入亚文化群的厄运也就在所难逃，其利益只有在维护常态的婚姻家庭结构的考虑之后才可能稍带地提上议程。而在其他问题上独身者们又可能加入与己相关的利益集团附合于主文化群之大流。

社会生活中我们每一个人、每一个群体只要是理性地存在、明智地选择，事实上总是在主文化群和亚文化群的两个队列间不断穿插；十恶不赦的坏蛋也有附合主流之一面。在这个意义上我们可以说，民主社会中并不存在谁对谁的绝对服从、谁对谁的绝对压迫，大家都不过是在相互的服从和相互的压迫之下而共同维系并不断创造着群体的秩序。

15. "工具论"应当休矣

长期以来我国法学界都认为"法律是阶级专政的工具"，近年来虽由于时代变迁阶级意识淡化而少提"阶级专政"了，但"法律即工具"的提法却仍为通行。对"工具论"仔细想想甚觉可怕：既曰工具，那就不过是一种由特定的操作者精心设计随其运用并可根据权宜需要任意改造的东西。犹如农夫手中的一把锄头，锄片太厚——石头上磨磨，把子短了——换根长的，把子长了——锯它一截，把子粗糙——弄光滑一点，怎么拾掇都不好用——扔掉换把铁锹试试。工具的命运不过就如此罢了，对法律能赋予这样的意义吗？民主秩序下法律只是一种所有人应共同遵循的活动规则而非活动中某些人所利用的工具；不管是对百姓还是对立法者和执法者，其旨趣都仅限于此。

当然，"法律即工具"的提法本来并不是绝对不可，换一种提法很大程度上似乎只是一种文字游戏；只要我们能转变基本观念，其实"工具"的提法仍可沿用——作为一种习惯性的语词符号也无甚不可。但对几千年盛行法律虚无主义、盛行法律随官员任意摆弄的做法的中国社会来说，摒弃"工具论"应该说具有转变观念的改造作用。正如英国法社会学家科特威尔所述："当把法律看作仅仅是政府权力的一种工具——这是当今西方社会普遍存在的看法，那么，就会认为法律是与社会其他规范无关的一个独立部分。法律的效力不再被认为是来源于法与公民道德的一致性，而是来源于国家享有的政治权力的集中表现。在公民意识中，法与道德的维系开始脱节，最终也将完全消失。"[1]将法律视为一种"活动规则"而摒弃"工具论"的提法，其深刻的意义在于从我们根深蒂固的观念中摧毁独立于我们人格之外的"国家"偶像。国家不过就是我们自

---

[1] [英]科特威尔：《法律社会学导论》，潘大松等译，华夏出版社1989年版，第52~53页。

身——是我们用自己的精神为自己所创造的合理性的世界——一种适合于群体自由自在生活秩序的管理方式；而法律不过是我们大多数人内心价值观与伦理观的外化表达形式。"法律发展的主流不是作为一种压迫的工具，而是社会的成员为了适应社会本身的内在条件，探求实现其基本的社会文化前提原理的措施和方法，以及对它们加以维护和解决其利益冲突的一种手段。"[1]

法律作为一种规则，其首要的、本位的意义在于为人们提供一种观念性的指导形象；社会交往中事先树立这种形象并在交往的全过程中时时遵从它（法以道德为基础并与之保持高度的一致性为人们树立法律形象提供了最大的可能）。法律之次要意义在于对违反规则之惩罚——以始终保持规则的权威性和有效性。社会生活说俗一点好似一场愉快的集体游戏，而再简单的游戏都是需要确立规则的。虽然违反游戏规则者将被驱逐出场或被责令在游戏中充当最倒霉的角色，但制定规则绝非是为了惩罚犯规者而还是为游戏者都明了参加游戏所须注意的事项，以使游戏能顺利进行。如果制定规则就是专为捉弄参加游戏的某些特定的个人，那规则势必成为制定者所控制的工具，一切细节都会围绕如何捉弄他人而设定并随时视捉弄效果加以修改。

尽管人类社会几千年的法律史都是以惩罚为法律之本位的，但作为理想的社会模式目标——求取防患于未然的大功利目标，应当

––––––––––

[1]　[美]霍贝尔：《初民的法律》，周勇译，中国社会科学出版社1993年版，第367页。

说法律为"观念性的指导形象"才是本位的。这体现了人类对未来生活秩序的理性规划和对美好理想的追求与奋斗。而在当今的时代，恶劣的治安环境迫使我们不得不在惩罚方面作过多的考虑和安排，导致我们的观念和做法晃荡于这两者交易错位、混杂不清的变革之中。

16. "死法"的症结之一

总之，刑法（也可引申到其他部门法及伦理学的领域）对任何一种行为的社会危害性（恶）的评价始终应当以社会多数人的价值观念为转移，而不是由某些个人去决定。这是由民主制度少数服从多数的基本规则在法律领域所直接派生出的要求。至于所谓的立法超前现象（立法始终存在一种"超前"——超越现实生活的态势，这是十分必要的），"超前规范"具体的形成过程也许是出自某几个"精英"的天才构思（大多数议员们也许是凭着朦胧的感觉甚至无感觉而机械地举手通过），但其要成之为"活法"得以通行，至少也得为相当数量且有影响力的一批人所感受和认可，成为这些人愿意为之而奋斗的理想的一部分。"没有一种国家制度是单由主体制造出来的。……一个民族的国家制度必须体现这一民族对自己权利和地位的感情，否则国家制度只能在外部存在着，而没有任何意义和价值。"[1]法律（国家制度的一部分）的颁布和生效并不意

---

〔1〕〔德〕黑格尔：《法哲学原理》，范扬、张企泰译，商务印书馆1961年版，第291~292页。

味着法律在社会生活就当然开始发挥作用。相当一部分法律条文在现实生活中仅仅是一种毫无意义的"死法"（执法者和犯法者都不理会它），其症结之一就在于未能"体现这一民族对自己权利和地位的感情"。

目前我们面临着对安乐死、人体器官移植、非自然方式的受精及繁育新生命（或新物种）等问题的立法考虑（不应该消极地等待问题具有普遍性和严重性才予立法），在这些方面我们的感受和经验或是恍恍惚惚或是空白一片；立法上的琐细规定就只有靠精英们绞尽脑汁、挖空心思地编织和构造。但不管是允许还是禁止，其基本的方面都取决于我们民族对自己权利和地位的感情以及执法物质技术条件所能控制的范围。

法律的躯壳在于"立"而灵魂在于"行"。一部法律在多大程度上能得以通行取决于它在多大程度上能唤起民族的感情；白纸黑字的条文如果不能激起民众及执法者的心灵震荡，那它几乎只是废纸一张——也就不可能再在生活中引起任何震荡。

17. "恶法"应否服从

与前述的民主规则相联系，还有一个"恶法"应否服从的问题，即社会中有些人认为某些人以国家的名义颁布的法律本身就是"卑鄙的和非正义的"（亚里士多德语），从他所处的立场，他个人有理由服从这种法律吗？从他的价值观和利益出发，不服从（违反法律甚至犯罪）恰恰不就是"正义"的举动吗！法律对某一行为可以作出"社会危害性"的评价但并不能影响某些个人对同一行为作出社会有利性的评价。从亚里士多德的时代开始，西方的学者对这个问题表现出极大的兴趣；而对中国的学者们来说，这是一个不成其为问题的问题——莫名其妙而近乎荒唐——法律不就是进行镇压的工具吗！如果被镇压者能心安理得地接受镇压，那还需要法律何用？

如果我们首先能克制一下"法律工具论"的观念，从民主制度由各种文化群体所共同构成的法律秩序的角度观察，主文化群所珍视的法律价值对亚文化群来说不就是地地道道的"恶"法吗？亚文化群应否遵守这种与其自身利益相冲突的恶法呢？

其实，就较为健全和完善的民主制度而言，这个问题的确不成其为问题。"恶法"是一种已颁行的实在法，应否遵守的前提在于发问者是否参与了该法的制定过程（当然这种参与并不专指议会的活动，而是指由民主制度所保证的每一个人以直接或间接的方式表达意愿的机会）。只要一种制度保证了制度下每一个人都能均等地获得参与选择的机会，那么该制度下任何人都没有任何理由不服从选择的结果——除非对民主制度本身提出挑战。这虽然可以成立不服从"恶法"的理由，但这种"不服从"注定是徒劳和无好下场的。

民主制度只能保证平等地选择而并不能保证选择的平等——只存在机会的平等而并不存在结果的平等。"如果某项实际行动被社会中绝大多数公民认为是极端不道德的，他们的反应是，这项行动自身已经充分确证了它应当由立法加以禁止。……在民主国家中，社会情感制订了法律，而法律把该社会所强调的正义标准付诸实施。任何大多数人认可的法律都是有效的、恰当的。"[1]布律尔也就此指出："道德和法律之间的紧密关系在某些方面可以导致冲突。尤其可能发生这样的情况，即某一规定在法律范围内必须严格执行，而社会群体的某些成员则以道德的名义唾弃这一规定，认为其在道德上是不可能执行的。……对社会学者来说，回答是明确的：法律规定必须执行，因为只要它还在生效，它就代表着整个社会群体的意志，而道德只不过反映了某一个人的观点，或至多只是反映了社会某一小部分人的观点，因此，它必须服从于法律规定——直到它得到了群体全体成员的接受为止。诚然，批评法律，与之斗争，为取缔它而作出努力，也是允许的。然而，在法律没有被取缔之前，就必须服从它。"[2]故此，"恶法"应当服从！

专制制度下"恶法"应服从吗？我们每个人心中都有自己至高无上的自然法（理性法）；虽然我们大多数人都说不出它们的确切内容，甚至并不知道"自然法"的名称。但生活迟早总会带给我们一种发自心底的冲动——民主、自由、平等、正义、安全、富裕、仁爱……诸如此类一些令人心荡神驰、无比美妙的幻景，我们一旦隐隐约约能领悟其中一些，就会痛切地感受到与专制现实的格格不

---

〔1〕［美］彼彻姆：《哲学的伦理学》，雷克勒等译，中国社会科学出版社1990年版，第414页。

〔2〕［法］布律尔：《法律社会学》，许钧译，上海人民出版社1987年版，第34~35页。

入。我们呼唤我们的理想——我们升腾于心田的自然法，当然对实在的"恶法"也就可以不屑一顾。但恶法之所以能成其为"恶法"，就在于它具有最实在的"恶"；尽管追求光明的思想家们总试图对其进行挑衅，但只要恶法赖以存在的制度不倒、"工具论"依然盛行，这些人注定了要成为"工具"的对象而被工具敲断筋骨，"恶法"总要扬尽"恶"气才会灭亡！

18. 法律控制与宽容精神

民主制度下基于少数服从多数的规则，将产生一个非常重大而又十分现实的立法及司法问题——在法律范围内应如何尊重以致保护少数人的利益及价值选择的问题。"在民主政治中，多数人对少数人实行一种十分残酷且毫无必要的专政是可能的。……不仅少数民族，就连宗教或政治上的少数派也有遭迫害的可能。"[1]人们常常说"真理往往在少数人手中"；事实也的确如此！"历史经验和社会经验似乎都作出这样一种结论，即在文化、科学、经济学和政治形式方面的发展，往往可归功于个人的观点、学说或举动，而这些观点、学说和举动则同社会所普遍接受的信念是相左的和不一致的。"[2]社会生活的所有领域可以说都存在这种现象，历史上的若

<hr />

〔1〕［英］罗素：《走向幸福——罗素精品集》，王雨、陈基发编译，中国社会出版社1997年版，第371页。

〔2〕［美］博登海默：《法理学——法哲学及其方法》，邓正来、姬敬武译，华夏出版社1987年版，第300页。

干事件反复地证明了这一点。

在基本的发展方面，当一个社会形成一种较为一致的价值观念和信仰后，它将趋于稳定、和谐而又弥漫着深沉的惰性。一旦世俗生活陷入这样的时代，个别不甘寂寞的小人物往往以他们天才的理性创造为历史描出新的方向；而惰性和无知却常常使我们视他们为狂妄和叛逆。多少年过去了，当我们终于历经曲折而艰难地步入先哲们指出的道路走过来以后，我们面对被我们的强权所扼杀的真理和勇士们，总不得不肃然低头、泪流满襟……

20世纪初期美国独树一帜的学者房龙就此谈道："'有机社会'把'整体'的安全放在所有考虑的前面，而智力或精力非凡的个人却认为世界迄今的发展全赖个人的努力，不是靠集体（说穿了就是不相信所有变革），因此个人的权力要比集体的权力重要得多，他们之间代复一代的冲突正是争取宽容的斗争的一部分。"[1]

我们可能有充分的理由并且具备足够的力量强迫少数人服从我们大多数人所有的价值观念——否则社会就将归于混乱甚至解体，但这很可能又是以牺牲真理——牺牲我们大多数人难以感知的自身的长远利益为代价的。冲突的两方面相比较，多数人的价值观念是本位的、现实的，而少数人的价值观念是非本位的（以群体秩序衡量）、可能的（就真理性而言）；理性的天平仍然是倒向多数，但又不应完全牺牲少数。意识到这一点，在用法律创制人们的行为规

---

〔1〕 〔美〕房龙：《宽容》，连卫、靳翠微译，生活·读书·新知三联书店1985年版，第266页。

范时，就必须在二者之间尽可能寻求一种妥协方案。在这里我们不可能对具体事件、具体行为的界定标准作一一描述，但宏观的、抽象的尺度还是可以确立的。

"在一个正义的法律制度所必须予以充分考虑的人类需要中，自由占有一个显要的位置。要求自由的欲望在人类中是根深蒂固的。"[1]每一个人都希望自己的身心能在每时每刻的社会生活中自由自在地舒展和表现，而对一个符合人类本性的社会来说，"每个人的自由发展是一切人的自由发展的条件"[2]。并且，"一个国家的宽容程度便与大多数居民的个性自由程度成正比"。[3]为了群体整体及长远的利益，法律应当为群体中每一个成员的自由发展开辟最大限度的活动空间；对那些与我们大多数人价值观念相左的行为，只要它们尚不危害我们基本的生存和发展的利益、只要我们尽量地表现出宽宏就能够容忍，那我们就应当也必须容忍！特别是对涉及言论、观点和学说方面的行为（任何言论的表达方式都属于行为的范畴，不通过行为的思想是无从查考的）——除了侮辱、诽谤、诬陷等一类并非由价值信仰所导致的严重侵权行为外，需要的不仅仅是宽容；有些与我们所选择的生活方式根本背离的言论——如批评某种现行的政策，还应该倡导（尽管免不了胡说八道），否则受思想

---

〔1〕 [美] 博登海默：《法理学——法哲学及其方法》，邓正来、姬敬武译，华夏出版社 1987 年版，第 272 页。

〔2〕 《马克思恩格斯选集》（第 1 卷），人民出版社 1972 年版，第 273 页。

〔3〕 [美] 房龙：《宽容》，迮卫、靳翠微译，生活·读书·新知三联书店 1985 年版，第 266 页。

引导而非凭本能生活的人类怎么才能找到更好的发展方式呢？假若一种言论真能够煽动起全民族趋之附和的情绪，什么人、什么手段又能够奈何于它呢？如果某某人鼓吹同性恋有如何如何的好处，我们显然在法律上可以无视这种令人厌恶的论调；如果某某人付诸同性恋的实际活动，那我们仍得谨慎地掂掂手中的法律手段——他真的会危及我们最基本的生存和发展、真的需要动用法律对之大动干戈地绞杀吗？英国法官德弗林勋爵对此谈道："我们应当冷静地、不动感情地看待同性恋，应当反躬自问：我们是否把它看作一种'邪恶'，甚至'可恶'得只要一出现就是一种侵害。我相信，大多数美国人一想到吃蟑螂就会感到恶心，但是经过考虑后他们不会认为吃蟑螂就是犯罪。"[1]

在这个问题上美国人的观念和行为方式对我们有所启发。美国社会的主流文化是由近代以来世界许多民族的地域文化融合而成的一种"社会实验文化"，它几乎不受任何民族传统的生活方式及道德观念的束缚。"由于没有文化的'根'，美国很容易成为社会变革的实验室。它过去是，现在也是，性骚扰、子宫出租、同性恋郊游、约会、强奸、安乐死、男权运动、中学分发避孕套、胚胎组织移植，诸如此类都是美国的社会实验。"[2]当今时代多元文化主义已不再仅仅是英美的主张，而且在世界范围内已成为一种共识，它同

---

〔1〕 转引自［美］戈尔丁：《法律哲学》，齐海滨译，生活·读书·新知三联书店1987年版，第131页。

〔2〕 见"渗透欧洲的美国大众文化"，载《参考消息》1992年4月29日第3版。

全球化的大趋势是并行不悖的。社会的发展既需要稳定也需要刺激——尽管这种刺激会来自分不清是非的任何方面，多元的价值观念的冲突本身就是社会进步的一种推动力量。"一个多元化社会的生存力并不以在不同道德中的某种共同意见和共同核心为前提。相反，它表明了一个多元化社会的核心特征，是对程序和制度而不是对道德舆论和价值的共同意见。"[1]但同时"一个多元化社会并不是一个争论俱乐部而没有关于从它被接受的过程中体现出来的任何利益和期待"[2]。这里关键的问题是我们如何在它们之间建立起一种大体的平衡。

在现代社会人际关系日益加剧摩擦的条件下，法律大规模地渗透进社会生活的各个领域，不管在刑法还是在其他部门法中禁止性规范都越来越多。这是一种不可抗拒的符合发展规律的趋势。面对这种趋势我们更应保持清醒的认识：法律的最终目的始终是确保每一个人最大限度的自由发展而不是束缚人们的想象力和创造性。"越来越多"只是一种数量级的必然趋势，而基本的指导思想却应当是"尽可能少"；除非既往生活的经验和理性的预测告诉我们未来的生活中非动用法律禁止不可，否则我们大可不必以强权进行干涉。

英国著名的功利主义法学家边沁在论述功利原则时特别强调到："立法者如果希望鼓励一个民族具有人性，那么他自己应该首

---

〔1〕 ［美］戈尔丁：《法律哲学》，齐海滨译，生活·读书·新知三联书店1987年版，第128页。

〔2〕 ［美］戈尔丁：《法律哲学》，齐海滨译，生活·读书·新知三联书店1987年版，第128页。

先树立榜样。要求自己不仅对人的生命，而且对一切能影响人之感受的环境情状，都给以极大的尊重。……温和的法律能使一个民族的生活方式具有人性；政府的精神会在公民中间得到尊重。"[1]孟德斯鸠在《论法的精神》一书中也大声疾呼："我写这本书为的就是要证明这句话：适中宽和的精神应当是立法者的精神。"[2]罗素在论述权力和缓的条件时谈道："在某些领域，如艺术、科学和党派政治（在公共秩序允许的范围内），一致性是不必要的，甚至是不应有的。这属于正当的竞争领域，重要的是，应使民众的情感能忍受这类问题上的差异，而不致愤怒。民主政治若要成功和持久，需要有一种宽容精神，对于暴力不能过分地爱，也不能过分地恨。"[3]

在道德谴责和法律禁止性规范的界限的确定上，应尽可能地多为前者留置空间；凡是法律不明文禁止的均视为允许，但"允许"并不意味着行为就具有合法性或合道德性。这仅仅只是一块留待人们探讨不同生活方式的"试验田"，至于能长出些什么（是否合道德或合法）就只有耐心地等待和观察（道德本身就是因时代而异）。让那些无伤大雅而又相互冲突的价值观念在道德领域内消长

〔1〕[英]边沁：《立法理论——刑法典原理》，孙力等译，中国人民公安大学出版社1993年版，第150页。

〔2〕[法]孟德斯鸠：《论法的精神》（下册），张雁深译，商务印书馆1961年版，第286页。

〔3〕[英]罗素：《走向幸福——罗素精品集》，王雨、陈基发编译，中国社会出版社1997年版，第378页。

搏杀而自见高低吧！

如果在立法的范围内上述观念能够确立，那么在司法的实际操作过程中对类似现象的处理方案也就大体可以确定。现实中司法人员所面临的许多行为的危害量（是否达到违法或犯罪的程度）甚至基本性质（有无社会危害性）都是模糊不清的，即行为本身具有性态的模糊性；[1]将行为同法律所提供的粗糙的、原则性的、以非此即彼二值逻辑方式表达的规范模式相对照，往往具有模棱两可甚至多可的结论。法官不可能对面临的所有行为都评判出是非，司法范围内相对的"公正"只能在清楚明确的规范与无争议或少争议的行为之间求得；一旦规范本身模糊（与具体行为相比较）或行为性质模糊（与二值规范相对照）或行为本身的事实不能查清（受认识条件限制），则很难甚至根本无法求取公正。既是这样，与其打着法律正义的旗号而实质上亵渎法律进行分不清是非的干涉，不如来一点宽容——特别是对涉及政治秩序和经济秩序的行为！如此这般或许对社会进步更有好处。这既非违背法律的擅断，也非放弃法律的怠为，不过是为应付复杂的社会生活而在最坏的两难境遇中作出最好的选择。法官不是为执法而执法，而是为适应和推动生活而将法律从外在的形式到蕴含的精神都还之于生活。

刑法的执法实践中流行着一种"就低不就高"的做法（学者

---

〔1〕 就直观的认识论——以约定俗成的概念信号系统去观照与概念相对应的客观事物的认识角度而言，模糊性并非是由人的认识能力局限所造成，而是事物在性态转化的发展过程中自身呈现的一种属性。但如果换一个角度看问题，则又会得出相反的结论。参见本书第 59 小节。

们从法理上将之概括为"谦抑原则"），即在两可的情况下应"就低"而作出有利于被告人的处断。从其效果看，"如能正确地掌握这一原则，不仅不会破坏法制，而从某方面来考虑（从改造教育犯罪者的政策上）或可加强法制"[1]。但这种做法的理论根据何在呢？学者们将之同罪刑法定原则相联系，认为是罪刑法定原则在执法中所派生出的一个具体原则（即当法律规定不清楚时则视为无明文规定而不作犯罪处罚，或者当重罪的规定不清楚时则应降到轻罪清楚规定中去处罚）。这种停留在法治国的时代精神上的形式主义推论并不能适应现代文化国对法律方方面面所有类似现象的解释；在较为健全的、理智的民主制度下这只能归属于人类所应当具有的一种宽容精神。

中国法学界曾就"司法超前"（或称"司法越权"）问题进行过讨论，学者们对该现象大都持否定的态度。应当承认：司法超前是执法活动中一种客观存在的现象。司法人员所执行的有效法律，都只能是立法者过去所发布的命令，它们在适用过程中或多或少总会出现滞后的成分。一旦过去颁布的法律与今天生活的现实不相适应时，一些刻意追求公正的司法者们很自然地会求助于自己的良心和感情，凭着个人对法律精神、国家政策、公众道德及社会最一般的价值取向的感受去曲解和弥补法律中"滞后"的成分，以此求取公正并作出貌似合法而实质违法的处断。稍有阅历的法官都会感

---

〔1〕 甘雨沛、何鹏：《外国刑法学》（上册），北京大学出版社 1984 年版，第 24 页。

到：对每天所接触而待处理的大量从实体到程序的琐碎现象仅靠事前的立法及事后的请示（等待上级指示、司法解释或修改补充法律）都是无法完全解决的，真正最及时、最有效的就是自己随机的"立法"。对这种现象，学者们抨击为"司法违法""司法越权"或者"蔑视立法权"。应当说这些批评是切中要害的。但必须看到的是：不管采取任何限制措施，只要立法不是针对具体事件进行、只要法律的运转还是由人在操作，它就不可能根除！我们唯一能切实做到的是——尽可能使之少一点。在这里，改变一下司法者的指导思想或许是很有帮助的，而指导思想上需要的仍然是宽容精神。

司法超前在多数情况下都是司法者针对法律滞后主动采取补救措施，而法律滞后则一般表现为两种具体现象：一是待处理的事实无规范可援引（立法未作规定）；二是按有效规范处理某种事实明显不符合社会的正义观念。对前一现象求助于宽容精神显然是合理合法的，至少对大部分无规范可援引的事实（行为）可不加干涉，这并不会影响我们基本的生存和发展。对后一现象求助于宽容精神也是基本可行的。当法律规范适用于某种具体事实可能出现非正义的结局时，如果这种"非正义"有利于当事人，则很大程度上我们只能依法办事，仅此而已罢了；如果这种"非正义"不利于当事人，则应尽可能地在法律的伸缩幅度内降到最低限度作出处理。以这样的观念去执行法律，司法超前的现象就有可能最大限度地得以限制。

宽容是人类特有的一种精神现象，它给人类更多带来的是仁爱、友谊和进步。我们不仅应使它充满生活的哲学，而且法律的哲学也应以此建构。有了宽容的精神，才有可能使法律真正成为保证每一个人最广阔的自由发展乃至整个社会自由发展的手段。

19. 刑法之罪与道德之恶

西方的学者们多少年来在刑法之罪与道德之恶两者的关系上争论不休：两者能否或应否保持一致（刑法的道德价值问题——所谓的"标准互扰现象"，两种标准系统处于对立状态）。中国的学者们对这个问题好像并不太关心，或者说有自己想当然的答案。一般而论，法律似乎应该承认良心（道德），但具体到对某一案件的处理上（特别是在涉及有罪与无罪、重罪或轻罪的界限引起争议的情况下），良心似乎又应当让位于法律；两者在许多具体的场合中往往难以保持一致。这是一个令立法者和司法者都极感困惑的问题（只要能进行一些深层次的思考）。由于对该问题在理论上缺乏系统并有说服力的解答，故从立法到司法一定程度上不过是在一种混乱的感觉中摸索。循着前面的思路，我们不妨对刑法的道德价值问题也作一些分析。

刑法上犯罪之成立必须以社会危害性的存在为基本前提，而社会危害性和道德之恶都不过是社会主文化群对一定行为的负价值的感受——它们不仅包括凶恶、残忍、明知故犯，而且过失行为在道义上同样是值得谴责的恶；故意的"恶"与过失的"恶"在负价值的序列上不过是距离的差异而已（价值具有某种通约性）。在"应该"的意义上，刑法上的所有犯罪都必须与社会道德之恶保持一致，否则刑法就有被民众所唾弃的危险。

英国法学家哈特就这个问题指出："假如这个理论仅仅是一种关于某个良好社会的刑法应当具备什么素质的理论，要驳倒它是不可能的，因为它代表了一种道德上的偏向，即只有在实施'道德上之恶行'的场合，才能施加法律的惩罚——尽管我认为这种似乎有理的观点会像它曾发生过的那样成为一种最终归之为混乱的空想。"这种学说"不适合于任何实际的刑法制度，……非常多的犯罪是由于用以推行特定的经济计划（如对公路或铁路运输实行国家垄断）的立法而产生的。这种做法的益处或道德性可能处于真正的争论之中"。[1]哈特的上述观点在刑法领域极具代表性：一方面不得不承认道德上之恶与刑法上之罪相一致的论点在理论上的正确性，另一方面又认为其不可行（面对现实又产生出与前一理论相对立的"不可行理论"）。正确的理论却无法付诸现实，现实的"不可行理论"否定了"正确的理论"，于是理论的制造者们就陷入一种难堪的境地；最终从理论到现实都只能是归于混乱的状态而失去任何理论。

其实，哈特的思想至少有两点值得商榷之处：

其一，就正常民主机制下的立法和司法来说，对某种行为或某个行为在道德上的是非争论并不能成为碍事的问题，而只存在少数人对多数人的价值观念必须服从的问题。所谓刑法之罪应当与道德

─────────────

〔1〕〔美〕哈特：《惩罚与责任》，王勇等译，华夏出版社1989年版，第35~36页。

之恶保持一致，要求的只是与社会主文化群的道德观保持一致，而不是与社会所有成员的道德观保持一致。事实上刑法之罪在"应该"的意义上也几乎不可能与社会所有成员的道德观相一致（甚至包括对杀人、放火、强奸、劫财一类恶行的评价）。

古希腊的哲学家柏拉图在两千多年前就准确地指出："法律绝不可能发布一种既约束所有人同时又对每个人都真正最有利的命令。法律在任何时候都不能完全准确地给社会的每个成员作出何谓善德、何谓正确的规定。人类个性的差异、人们行为的多样性、所有人类事务无休止的变化，使得无论是什么艺术在任何时候都不可能制定出可以绝对适用于所有问题的规则。"[1]且不论立法过程中乱糟糟的争吵局面，就是冷静的科学也因受时代条件的限制而很难甚至根本无法解决同时代的价值争端问题；至于后人对前人的价值实现过程所作出的令人信服的评说，却完全无济于前人的争端。况且一般情况下不同的价值评价本身也无所谓是与非，都不过是价值主体自己实在的利益要求。诗人面对山林惊叹秀色可餐而农夫却认为无秀可言，我们能评判他们谁是谁非吗？当今时代一些人认为同性恋有利而我们大多数人则认为有害，我们能指责他们对自己行为的价值评价搞错了吗？也许那些人正是从同性的交往中得到了乐趣、真正感受到了人之一生莫过于此的幸福。我们只能通过法律强迫少数人服从我们的价值选择并设法影响他们今后的

---

〔1〕 转引自［美］博登海默：《法理学——法哲学及其方法》，邓正来、姬敬武译，华夏出版社 1987 年版，第 8 页。

价值追求，但却无法改变他们既往的价值评价。

当然，一方面偶尔也会发生代表民众的立法者们对被评价的价值事实产生误解从而作出在实际生活中难以通行的价值判断（制定出"恶法"）的现象——民主制度也并不能保证多数人及立法者们不犯错误，或者出现法律滞后的现象——法律规范与新的道德观念不相适应，但这都不过是个通过合法程序及时纠错的问题。"一个民主主义者并不需要相信，大多数人总是会明智地作出决定的；他所必须相信的只是，大多数人的决定，无论是明智还是不明智，都必须加以接受，直到大多数人另行作出决定为止。而他之相信这一点，并不是出于对普遍人的智慧抱有任何神秘的观念，而是把它作为是以法制代替为所欲为的暴力统治之最佳的实际可行的方案。"[1]

1920年美国国会通过了禁酒法，当时的拥护者们都认为这是治疗美国社会各种弊端祸根的灵丹妙药。但事实很快证明那其实是个愚蠢透顶的举动。酒非但没有禁绝，反而大规模地产生了一个酿造和贩运私酒的行业，促成了美国黑社会势力和集团性犯罪的兴起。无奈之下，美国国会只得于1933年废除了禁酒法，酿酒、贩酒又成为合法的事业。[2]这是一个民风民俗民德以及民主的程序最终战胜"恶法"的生动事例。

---

〔1〕 〔英〕罗素：《走向幸福——罗素精品集》，王雨、陈基发编译，中国社会出版社1997年版，第510页。

〔2〕 参见董东山：《美国的罪与罚》，光明日报出版社1988年版。

另一方面，对多数人来说有时也会面临现实的利益需要同传统的道德相冲突的两难处境而必须作出痛苦的舍一选择——两者都是我们生存和发展之根本；任何文化都会不同程度地遇到这一难题，而"任何法律都做不到禁止恶的同时不禁止善"[1]。不管我们牺牲哪一方面，其在价值领域内的道德是非总会产生纷争。"推行特定的经济计划"是现实利益的需要，而这种需要又完全可能同传统道德相悖。在这里，处置的最佳方案一方面应在利益伸展的最低限度和道德忍耐的最大限度之间求取平衡，以向传统道德作出让步的折中的新生活方式（以规范形式所表达）逐步促进新的道德观念的生成；另一方面我们仍得求助于宽容精神——刑法应尽可能避免对存在激烈道德纷争的行为作出评价（可视为轻微危害行为或中性行为而由其他法规以较平缓的方式调整）。

故此，"真正的争论"并不能影响从立法到司法对道德之恶——刑法之罪的评价。

其二，"应该保持一致"与"事实上总不能保持一致"是两个不同范畴的命题；前者是对未来目标的描绘，后者是对实际过程的说明，二者不能混为一谈。既然"要驳倒它是不可能的"，那为什么又"不适合于任何实际的刑法制度"呢？岂非咄咄怪事！

对这一点中世纪意大利的思想家马基雅弗利就已经注意到，他指出在论述国家和法律时应分清什么是现实的、什么是应该的，二者之间存在着巨大的差别。庞德也就此谈道："我们所对待的是在

---

〔1〕［英］罗素：《婚姻革命》，靳建国译，东方出版社 1988 年版，第 76~77 页。

人类意志领域之中并在这种意志控制之下的各种现象，在这里'实际上是怎样'并不能告诉我们全部真相。这里最终的问题始终是'应当是怎样'的问题。"[1]哈特正是将这两个不同范畴的命题搅在一起，才推导出了自相矛盾的两种"理论"。

道德之恶与刑法之罪"事实上总不能保持一致"，是对刑法实际运作过程的说明，而这种说明往往限于实证的分析方法只能示其然而难以示其所以然，更无法昭示应然。人们之所以寻找理论，其主要的用意并不在于迁就并说明现实，而在于为未来绘制模式——将社会导入良好的方向；更何况人们设定法律总是向前看的——建立未然行为之规范（执法中对已然行为之制裁也侧重防患于未然）。现实中人们就是那样以世代相袭的方式生活着，如果不是为了过得更好些，要那些理论何用？康德曾就道德法则对行动的指导意义指出："道德法则作为有效的法则，仅仅在于它们能够合乎理性地建立在先验的原则之上并被理解为必然的。事实上，对于我们自己和我们行动的概念和判断，如果它们的内容仅仅是那些我们可以从经验中学到的东西，那就没有道德的含义了。"[2]在这里，道德法则被理解为是合乎理性的、先验的、必然的原则，它显然远远高于"实在"并对实在具有绝对的制约作用（至少在理性上要求如此）。

难道理论之意义真像黑格尔所悲叹："当哲学把它的灰色绘成

〔1〕[美]庞德：《通过法律的社会控制》，沈宗灵、董世忠译，商务印书馆1984年版，第16~17页。

〔2〕[德]康德：《法的形而上学原理——权利的科学》，沈叔平译，商务印书馆1991年版，第15页。

灰色的时候，这一生活形态就变老了。对灰色绘成灰色，不能使生活形态变得年轻，而只能作为认识的对象。密纳发的猫头鹰要等黄昏到来，才会起飞。"[1]理论对生活之意义若真是这样，学者们活得也实在太乏味了（黑格尔的本意其实并非如此）！幸好人类并非是被动地适应环境、等待黄昏的猫头鹰，而是一些要能动地创造美好未来、按自己理想塑造常青之树的精灵。"最蹩脚的建筑师从一开始就比最灵巧的蜜蜂高明",[2]其高明之处就在于人类是按应然的模式（不管这个模式设计得是如何拙劣）去创造生活；而对学者们来说，其任务就在于用理性去绘制精巧的模式。没有"空想"，只是对少有理性的实际过程作出仔细的说明，其最终形成的任何学说都不过是一堆缺乏理性的生活素材的杂烩。尽管任何实际运行的政治制度和法律制度都永不可能完善，但公平、正义和完善——作为理性的一个伟大目标，却值得永远去追求。具体到刑法的领域，刑法之罪应尽可能地与道德之恶求取一致。这是从立法到司法都必须确立的目标。

故此，"正确的理论"不但其本身在理论上是无法驳倒的，而且在现实中也并非是"不可行的"。这只不过是始终存在一个在"可行"的过程中永远无法得到尽善尽美、得到绝对的公平正义的问题。正因为这种矛盾的永恒性，也才给理论家们时时注入永无止境地进行探索的生气和动力。

---

〔1〕［德］黑格尔：《法哲学原理》，范扬、张企泰译，商务印书馆1961年版，序言第14页。

〔2〕《马克思恩格斯全集》（第23卷），人民出版社1972年版，第202页。

20. 平等与自由的悖论——兼谈自然法

接着上一话题，我们深入下去讨论一下平等和自由的关系及与此相关的正义问题。弄清这些问题，对我们确立社会生活中的基本价值目标、确定法律控制的基本走向是大有裨益的。

对平等的追求是人类群体生活中世世代代梦寐以求的目标。中国社会几千年最打动人心的口号莫过于"均田地"了，而这恰恰是在以土地为本的社会里从对土地的期求中滋生出的平等观念的一种具体写照，历史上几乎所有的农民革命都以此为动力也以此为归宿。中国共产党人之所以能以弱胜强夺取政权，其制胜的根本法宝就在于抓住了中国问题的核心即土地问题：以财富（土地）的多寡划分阶级，以均分田地的方式剥夺有产者满足农民们的平等要求；赢得了土地的农民为自己的利益而战（保卫胜利果实），当然无往而不胜。[1]

但平等的观念也有其致命的弱点。平等是人类精神状态中的一种追求，动物之间只存在"弱肉强食"的自然法则而绝无平等可

---

〔1〕 中国当代社会所确立的四项基本原则其实也是以平等观念为基本线索而展开的。虽然四项原则的定名是在 70 年代，但其实质内容早在新中国成立初期便已成型。为保证财富平均分配而又避免重蹈农民革命的覆辙，于是在经济基础的所有制上必然建立社会主义公有制；为镇压富人们被剥夺财产后的反抗，在政治上自然会建立铁腕的无产阶级专政；为保证专政的高效有力，在领导核心上相应会形成党的一元化领导；为纯洁思想提高理论，在信仰方面无条件地会接受马列主义的国家学说、阶级斗争学说。上述过程是中国社会阶段性发展的必然选择。

言。早期的人类自产生精神状态以来，便在群体的氛围中很自然地会形成平等的要求。这是人类最原始、最简单同时也是最持久、最切身的价值目标。我们试以生活中的一种争食品现象来求证这一点。假设某一家庭中有一对年龄相差无几且刚懂人事（有一种朦胧的精神状态）的兄弟；兄弟俩同时发现很少一点糖果，哥哥凭借力量据为己有，欲一人独吞——这是人之生存本能或本性，原本无可非议；[1]这时弟弟的精神状态中会产生一种什么想法呢？很自然地他会冒出一种要求"平等"的想法，他不会奢望也一人独吞（这对弱者来说不具可能性）而只求均等地享有一份。由此可以概括出平等观念的第一法则：平等只能是弱者发出的呼唤。再来考察"呼唤"的效果——强者会响应吗？如果将思维定点放在最接近自然状态而初具模糊思维的人身上，结论仍很简单——强者不会理睬，[2]于是我们再概括出平等观念的第二法则：要求平等（均分物质财富）的主体之间本无平等可言——平等主体之间原本只存在实力的较量。我们继续考察，弟弟（弱者）的呼唤实际上是指向谁呢？指向哥哥（强者）显然毫无意义，很自然的弟弟会想到并求助于家长——依靠家长的权威来主持公道、制服强者、求得平等的结果。

---

　　〔1〕 对这一现象，西方社会概括为"性恶说"，这似乎可以理解为是基督教"原罪说"的人性基础。而中国古代社会"人之初、性本善"的"性善说"却是有悖于这一现象的。但按照价值论的方法观察，其实初始的人性本无所谓善或恶，都不过是后天的人们根据自己习定的价值观念对自身先天本能的一种评价。在这一意义上，"性恶说"的评价应该说道理充分得多。
　　〔2〕 中国古代"孔融三岁让梨"的故事即便真实，也只能证明儿童早期伦理道德教育的可行性和重要性。

平等观念的第三法则便可从中导出：平等只能依靠一种超越平等主体的权威力量才能求得——这种力量一定比强者更强，且为弱者所拥戴、所推崇。从上述分析中可看出，平等观念的致命弱点在于它必须依靠权威才能实现。早期人类所确立的权威是氏族的领袖们——由他们来保证部分成员劳作收获的可怜的一点食品在群体每个成员间均等分配；原始社会解体以后权威便逐步为"国家"所取代——由家庭的权威（家长）、家族的权威直至扩展为国家的权威，其间一脉相承。残酷恶劣的自然环境中为温饱而挣扎的人们在基本的生活目标上至多只能提出一种"平等"的要求，并企盼权威（皇帝）们能保证其实现。一旦社会有所发展、财富严重不均而皇帝不能主持"公道"时，革命便应运而生；而革命之结局便是塑造一个新权威来重新分配财富，于是乎天下太平。但社会前行、强者们聚敛财富很快又会打破这种平衡，于是求平等的革命周而复始、循环不断。

中国古代社会"天人合一"的大和谐观念作为一种认识论和自然观（宇宙观），仍然源流于求平等的观念。[1]平等、和谐、宁静、万物得其所，这便是自然与人伦、身与心的至上理想。人间秩序的平等求助于皇帝，自然秩序的和谐听由于天命；由平等到和谐

---

〔1〕 葛兆光先生在"道或终极依据"一文（载《读书》1998 年第 3 期）中认为："在古代中国的知识、思想与信仰世界中，'天'这种被确立的终极依据始终没有变化。"但我看来，"天"也并非是终极依据。早期的人类自产生精神状态最先关注的似乎应该是切身的生存利益而非无边无际的"天"；对"天"的种种虚构性的解释应该是服从于实际生活的需要。其实，在方法论或认识论的意义上，如果不设定范围也没有什么"终极依据"。正如葛先生所戏言：任何一个聪明人也经不住一个傻瓜连问二十个为什么。

再至绝对必要的权威（皇帝和上天），其间意理贯通；而两种秩序在日常生活中却又是难解难分一体切入每个人的命运和利益（和谐为平等的直接表征），于是皇帝便成天子、圣旨即为天命。"君要臣死、臣不得不死"，何况小民呢！皇帝和上天都是必须绝对服从的；皇帝不公（和谐不在），民众们便可"替天行道"了（虽然"天人合一"并非指上天与皇帝的合一，但至少也含有一些这方面的意蕴）。历史上任何一次求平等的斗争与胜利，必然伴随着树权威的过程和结局，此乃替"天"（权威）行"道"（平等）之真义。中国社会几千年之所以能形成一种所谓"超稳态"的社会结构，其重要原因就在于劳苦大众与皇帝们双方之间生死与共、休戚相关，结成互为依存的利益关系；关系的和谐或破裂又完全取决于皇帝们对富人财产所实行的分配政策（穷人与富人的关系始终处于紧张的对抗之中）。民众们在患难之中凝成一种至上的集体主义精神，而精神的最高境界便是对国家偶像的极度崇拜。政治上树权威，经济上保平等，文化上求和谐；三足鼎立，稳如泰山，难怪中国社会总在"怪圈"中循环（没有外来文化的渗透，中华文明将几千年、几万年如故——仅仅会在物质生活方面有所改善；真正能够改变中华历史的观念在中华的土地上是无法生成的）。

西方文明发源于地中海的岛屿文化（主要是克里特-迈锡尼的爱琴文化，从大的范围看则是由埃及、西亚与希腊半岛的周边多元文化构成的混合型岛屿文化），半陆地半海洋的民族受动荡不定的生活环境影响（环地中海的航行、贸易、交流抑或战争、掠夺）自然会凝成一种不迷信权威而崇尚个性自由发展的气质——主要靠个人的努力（海洋中航行）而不是依赖群体才能求得生存和发展。[1]虽然生活在社会底层的人们也会自然产生要求平等的观念，但所企求的权威却并非世俗的力量而是虚幻的"上帝"——在上帝面前人人平等（平等观念必须寄望于权威才能形成，哪怕这个"权威"是虚构的，否则由谁来主持"平等"呢）；[2]"与权力有关的最重要的基督教教义是：我们应当服从上帝而不是人"，[3]世俗生活中没有属于人的权威于是也就没有平等可言了。这应该是西方古代社会的等级制度远远森严于东方古代社会的主要原因（难怪中国有学者认为"两千余年间之中国，民主因素实较西方为多"。我想这大概是对东西方等级制度作一番比较后发出的感慨。但其实这是

---

〔1〕 完全被海洋封闭的孤岛民族至少在古代的条件下也不会产生自由的观念；而欧洲大陆的环境条件也并不足以孕育西方文明。岛屿的"可航行"和多元文化的"冲突与混合"是产生西方文明的两个至关重要的条件。而这两个必要条件对世界其他任何人群地域似乎都不具备。

〔2〕 发达的西方古代文明为什么会冷待自己的奥林匹克众神而接受异族的宗教，其因由之一就在于犹太教的"原罪"观念（虽然"原罪说"是在公元5世纪才由奥古斯丁发展成型，但其观念及典故均出于《旧约》）和"上帝说"中包含着自由和平等所要求的要素——自由找到了"原罪"的说明，平等获得了偶像的依靠。在这一意义上，基督教不仅仅是一种民众们寄托精神的信仰，而且是制度设计和运行的技术性需要。西方社会许多具体的制度中都伴有宗教的仪式，细分析似乎却是必不可少的。并且，基督教的教义与自然法的理论颇具互补的意义；没有自然法的观念，很难说西方民族会接受基督教；而没有基督教的教义，自然法的内容也难以有体系性的型构——只能是一些片断的思想（自然法的集大成者西塞罗将自然法的思想与上帝高度地统一在一起）；二者对西方文明的昌盛都起着重大的作用。

〔3〕 ［英］罗素：《走向幸福——罗素精品集》，王雨、陈基发编译，中国社会出版社1997年版，第253页。

对"民主"含义的误解）。

平民与贵族的冲突与斗争，始终是西方文明发展的一根主线；斗争的焦点当然也还是财富的分配，但分配的过程不是依赖权威而是靠着自身的努力。早期的罗马便产生了"私法"的概念（中国社会从来没有产生过这个概念并在今天仍不具认同感），由此发端而对西方文化及其制度产生了极为深远的影响——始终以个人的权利为核心而型构制度，其根源及持续的推动力就在于社会中居多数的平民们在基督教和自然法的精神感召下争自由、求权利的顽强斗争，并一直企图排斥国家"公权"对"私权"的干涉。"个人主义作为早期基督教教义的一个重要因素，一直成为神学的和世俗的反抗的危险根源。"[1]基督教教义中个人主义的核心要素和自然法的观念是"私法"得以产生的思想理论前提。自然法的基本面是"平等"而重心是"自由"（个人主义），从自由的精神中便必然演绎出"私法文化"并形成实在的民商法制度。康德对此谈道："由于我们是自由的，才产生一切道德法则和因此而来的一切权利和义务；而权利的概念，作为把责任加于其他人的一种根据，则是后来从这种命令发展而来的。"[2]自由作为一个基本的价值目标，其合

---

〔1〕［英］罗素：《走向幸福——罗素精品集》，王雨、陈基发编译，中国社会出版社1997年版，第255页。

〔2〕［德］康德：《法的形而上学原理——权利的科学》，沈叔平译，商务印书馆1991年版，第34~35页。康德在这里是从西方人想当然（无须论证）的观念来推导的，而东方人并无"自由"的观念但仍会产生更为细密的道德法则。东西方人在思考问题的基本出发点上就存在重大差异。

理性和生命力就在于它事实上几乎能被所有人接受——既是平民们追求的理想，也是贵族们能够接受的结果；双方阶级在这一点上总能求得妥协和平衡（要求平等的主体之间只有实力的较量而绝无可能达成这种一致），于是社会在所有成员"自由"地创造中便智慧和财富四处喷涌。

从人的精神状态中诸观念的自然发展过程来看，"平等"应当是产生于"自由"之前；并且，凡"人"皆会有平等要求，而自由却不然——它需要较为特殊的环境条件才能形成（仅指能动的自然发生过程而不包括被动地接受）。虽然平等和自由都只能在群体社会生活的氛围中形成，但平等表现为个体对群体的一种依赖——在群体中要求自身的现实利益受到保护，而自由则更多地表现为个体对群体的一种偏离——在群体中要求自身的追求欲望（物质欲、权力欲、竞争欲等）得以扩张。平等发端于"儿童"遭受不公的委屈心理，而自由则升腾于"成人"同海洋的搏斗之中。从这一意义来看，西方法律文化中的"自然法"概念的形成，确实是一种非常自然的过程。

自然法根源于人类的某种自然物质生活环境、[1]根源于在这种环境中自然凝成的精神状态、根源于精神状态中对平等和自由的双向要求。仅有平等单向的观念是不可能产生自然法概念的，自然

---

〔1〕 自然法在西方语言中字面的含义是指"自然状态的法"，但这种"自然状态"应该仅指环东地中海的区域（主要指爱琴海区域），而非所有人类地域的自然状态。对这一点我理解为是解读自然法的关键，也是许多学者对自然法中"自然"的含义产生误读的原因所在。

法只能是在双向的或者是多向的价值冲突中才得以蕴构；只有解决"冲突"才会想到运用"法"规范，否则讨论"自然的精神"是根本不需要"法"概念的。[1]任何民族，都可以探究其"自然的精神"或"民族的精神"，但并不意味着每个民族都会有自己的"自然法"。自然法的终极意义在于是一种所谓的"人类公理"，它解决的是所有民族最终都会形成的基本价值的冲突，而实在法解决的是具体行为的冲突；许多民族尚未发展到基本价值冲突的阶段（在我们民族的观念中"自然的精神"本身是和谐的），故只会具有实在法而不会有真正意义的自然法。[2]

其实，自然法不过是人类明确加以表达出的一种理性法——它在形式上是显性的而非隐含的（就这一点也足以说明中国古代根本没有自然法）。而之所以被称为是"自然"的法，就在于它是对人类自然而然形成的精神状态的提炼；既是形而上的理性抽象，也属

---

〔1〕 自然法的始作俑者大概是古希腊柏拉图以前的"诡辩派"哲学家们，应该是他们完成了"自然"的理性（自然而然的价值冲突）与"法"概念的叠合工作。对这一论点笔者在这里只是作为一种"假说"提出；不能否定"法"概念的基本意义在于是规范行为而并非解决冲突的另一方面可能。问题的论证过于繁杂并缺乏资料，只得另文讨论。

〔2〕 本来实在法只是西方法理中一个对应于自然法的概念——并且更多的只具有"法"符号上的对应意义（并无内容或形式上的直接对应关系。不同国家即使认同自然法，但由于历史条件的不同，在实在法上仍会存在极大差异），无自然法也就无所谓"实在法"的概念（法就是法律的规范）。但由于实在法的基本含义在于是"行为规范"，为便于同自然法比较分析，于是在这一点上可以认为每个民族都会有自己的实在法。实在法在形式上才又分为制定法和判例法（包括习惯法），凡以政权强制力为后盾的行为规范均具有实在法的意义；作此理解，中国古代的"礼"就只具实在法的意义（失礼则入刑）。

形而下的经验实在。把握住这一点，自然法便的的确确可以成为人类最真实、最基本的"法律"，由此可以演绎出一个较为完整的应然制度体系，[1]自然法也就具有了对抗实在法的至高无上的地位和绝对效力。

资本主义在早期发展阶段所提出的纲领性口号是"自由、平等、博爱"（由于"博爱"只是一种伦理价值，派生并服从于"平等"的要求，对基本制度的设计无太大影响，故后文略去不作讨论；事实上本书第18小节所讨论的"宽容"问题即是"博爱"的具体表现，它可以缓解平等与自由的紧张对峙状态），这在某种意义上可以看作是自然法精神的一次历史性的大胜利。自由和平等是人类千百年来所追求的基本价值目标——自然法中所讨论的诸多价值都不过是这两大基本价值的派生物或具体化；它们都发端于人类的精神状态、都是人类理性的呼唤。但资本主义在贯彻两大目标的过程中却暴露出两大目标之间的根本性矛盾。由于求平等是以塑造权威为前置条件的——否则竞争中的胜者是不会出让利益的；而求自由恰恰又是要消灭权威的（这也是民主政治的直接要求）——否则哪有自由自在的创造呢（国家的必要管理并不等同于这里所说的

---

〔1〕 须说明的是，本书的大部分篇幅都在讨论应然的法律模型，但这并非属于自然法的内容，只有个别章节（如本小节）可以说含有自然法的一些精神。自然法的设计，须是紧紧围绕人类自然的基本价值目标进行的。迄今为止，人类在这方面所做的工作十分有限，思想家们总是受制于他所生活的时代氛围。虽然自然法发端于人类某一特殊群体，但其真正精神应该说是属于全人类的；人类不同民族将沿着各自不同的道路而在走向大同的过程中最终形成一部共同的自然法。

权威）？于是两者之间就形成一种难以解题的悖论：一个社会若以平等为最高价值目标则势必以牺牲个人的自由和创造为代价，社会最终将陷于停滞甚至被导入灾难性的局面（这是东欧原社会主义国家衰败的根本原因）；而社会若以自由为最高价值目标则又无法保证人与人之间实体利益上的平等，社会财富将出现巨大的两极分化。

伟大的资本主义启蒙思想家孟德斯鸠在资本主义前期凭借敏锐的洞察力就发出过这样一番感叹："虽然在民主政治之下，真正的平等是国家的灵魂，但是要建立真正的平等却很困难。"[1] 而历史证明其非但"很困难"，而且几乎不可能！康德在孟德斯鸠之后对自由和平等的关系谈道："自由是独立于别人的强制意志，而且根据普遍的法则，它能够和所有人的自由并存，它是每个人由于它的人性而具有的独一无二的、原生的、与生俱来的权利。当然，每个人都享有天赋的平等，这是他不受别人约束的权利，但同时，这种权利并大于人们可以彼此约束的权利。"[2] 在这段论述中，康德将平等显然是置于次要的地位来考虑的；并且，平等仅是一种每个人都享有的"不受别人约束的权利"；于是平等的权利实质上又等于自由的权利——平等地不受别人约束地享有自由的权利。

资本主义在发展过程中其实很快就调整了自己的基本价值目标——以牺牲平等来换取个人乃至整个社会的自由发展。西方政治

---

〔1〕 ［法］孟德斯鸠：《论法的精神》（上册），张雁深译，商务印书馆1961年版，第45页。

〔2〕 ［德］康德：《法的形而上学原理——权利的科学》，沈叔平译，商务印书馆1991年版，第50页。

家们很巧妙地将难题留给了"上帝"去解决——"在上帝的眼里，所有人都是平等的。民主政治可以求助于基督教的教义"；[1]让弱者们到天国上帝面前去找平等吧！上帝保证平等，政府保证自由；[2]所有制度的设计几乎都是围绕"自由"的中心目标来考虑的，平等则由最初启蒙思想家们所构想的一种实体利益上的要求沦为程序上或机会上的一种期待可能性——平等地享有自由的权利，其要旨是平等地自由创造而绝非平等地享有财富。"法律面前人人平等与物质的平等不仅不同，而且还彼此相冲突；我们只能实现其中的一种平等，而不能同时兼得二者。自由所要求的法律面前的人人平等会导向物质的不平等。"[3]

但即使这样，程序或机会的平等很大程度上仍只是一种制度上、法律上的虚构和假设。由于人们在生理、智力、性别、民族、居住地区、财产、受教育条件等方面天然存在的差别，故每一个人事实上所面临的机会是不同的、也是不可能平等的（我们很难设想

---

〔1〕［英］罗素：《走向幸福——罗素精品集》，王雨、陈基发编译，中国社会出版社1997年版，第358页。

〔2〕而西方的许多哲学大家们为什么会在自己的学说体系中容纳上帝呢？这似乎更有深层次的原因。我想这是人类以其非常可怜的心智能力（包括哲学家和自然科学家们）对冥冥宇宙及其精神进行探究的一种无奈之下的托付。灵与肉都想找到源头又求获得归宿，而这些本来在终极意义上注定都是不可能的；但人类自有了精神便心不由己地作这种徒劳的思考，于是唯有"上帝"才可能既为源头又是归宿。凡学问稍做大一点就得假设，对"上帝"不妨也看作是一种假设；而假设的真伪总是难以查考的（否则就不需要假设），只要大家都有此同感即可。

〔3〕［英］哈耶克：《自由秩序原理》，邓正来译，生活·读书·新知三联书店1997年版，第104～105页。

一个盲人、一个印第安人或一个定居在阿拉斯加遥远北方的人有成功竞选美国总统的机会)。而这一缺陷对任何制度来说都难以弥补。美国当代著名的思想家罗尔斯为解决这一难题而在《正义论》一书中构想了两个原则:一是自由正义的原则,二是机会的均等原则和差别原则相结合的原则,并且第一原则优于第二原则。[1]由于罗尔斯所提出的"正义论"带有较明显的平等主义倾向,而社会又显然缺乏迫使强者们出让既得利益的绝对权威,故事实上仍难以行通。当代西方社会的民主制度事实上是以自由为最根本的价值取向而平等则更多的只能是停留在程序上或口号上。

人类社会的全部历史及其未来的发展,都是或都将是在现实的不完善(实然)和对完善(应然)的追求的矛盾斗争中,一步一步地向着永无终极形态的更高级社会递进。人只要还成其"人",面对无限的物质世界其欲念和追求就始终无法满足(这是人性的终极意义);人们获取物质利益的机会和能力事实上在任何制度下都不可能是均等的,对某些人来说属于公平和正义的东西,对另一些人就意味着不公平和非正义,所以道德总是处于纷争之中。人类有史以来的任何正义观念,说到底就是一个如何看待平等的问题。对所有人来说,"正义不在于任何具体的分配结果,而在于不受阻碍地运用某种公平的程序"。[2]理性的法律只能提供形式的平等、参

---

〔1〕 参见 〔美〕罗尔斯:《正义论》,何怀宏等译,中国社会科学出版社 1988年版,第 51~61 页。

〔2〕 〔美〕彼彻姆:《哲学的伦理学》,雷克勒等译,中国社会科学出版社 1990年版,第 352 页。

与的平等（并且只具有大致性而难以周到细致地顾及每一个体），而不可能提供活动结果的平等（满足每一个体或群体的利益要求）；提供活动结果平等的法律和社会最终只会使人丧失人的本性（异化为精神的怪物）。人们永远也无法找到能够适用于任何社会、任何人的绝对的公平和正义，但却能找到能够适用于特定社会、特定群体的相对的公平和正义。基于这种相对的公平和正义，我们就不但能在理论上建构起相对完善的应然的模式，而且也能将其付诸实际的生活——付诸的结果总是不可能完全实现但并不影响付诸的努力。

21. 小节——天国之梦

应当承认，上述若干小节的分析过程未免理想的色彩太浓太浓。它将法律应有的精神完全植根于一个臻于完善的民主制度之中，是"以议会制民主主义如理想中的那样起作用为前提来考察刑法制定的原动力"。[1]"当立法者制定的规范同整个社会的价值判断与真正利益完全一致时，就达到了最理想的程度，但是政治现实往往实现不了这一理想。"[2]本书所虚构的理想模式不仅脱离了人类有史以来的任何法律制度，而且其所植根的基础在中国政治学上

---

〔1〕 〔日〕西原春夫：《刑法的根基与哲学》，顾肖荣等译，上海三联书店1991年版，序章第7页。

〔2〕 〔美〕博登海默：《法理学——法哲学及其方法》，邓正来、姬敬武译，华夏出版社1987年版，第317页。

更像一场乌托邦似的天国之梦。

但是，作为一个科学的工作者我们不能忘记：除了忙碌于世俗的生活——对运作的实际过程进行解释外，更重要的是还应当对未来的目标有所考虑。理想或梦境往往比现实更接近于存在和生命的本真。"借助理性来确定最美好的方向，这是自由的最高阶段。"[1]"理想本身似乎是那种模范的范型，它们本身天然地就是某种价值结构；常常在一个范型中多半以图示的形式展示出来，灵感的火星点燃了想象的大火，整个人都可能被燃烧得热血沸腾。理想是价值之诗，但也是散文栖息之地，此地我想纵非野渡无人，却也并非人满为患。"[2]尽管本书并非就指出了什么方向或真理，但多少能提供一点思考也就令人十分欣慰了！

须特别说明的是：上一小节大部分带结论性倾向的阐述，多为作者的主观推断、臆测甚至虚构，属于个人进行探索与求真的心智产品——探索本身的价值就足以使人迷醉。内容和体系也许都是荒谬的，但分析的方法本身却可以独立于"荒谬"之外而正确存在（当然，内容和方法也统统都可以是荒谬的）。笔者从对东西方社会所走过的不同道路及现状的考虑出发，力求找出各自不同的根本制约因素，并以此为基本线索去倒推人类的过去——试图解释历史上与"法"相关的一些重大现象。我个人感觉这种方法较为有效——

---

〔1〕［德］费尔巴哈：《对莱布尼茨哲学的叙述、分析和批判》，涂经亮译，商务印书馆1979年版，第146页。

〔2〕［美］R. B. 培里等：《价值和评价——现代英美价值论集粹》，刘继编选，中国人民大学出版社1989年版，第41页。

尽管免不了穿凿附会、郢书燕说；做学问是需要假设的，读者应该将它们只是作为一种"假说"看待——从一个新视角看到的一些新幻象。如有兴趣可自行进一步审查。

在对东西方文化及价值观念的分析阐述中，笔者似乎对西方文明情有独钟。但其实这只是冷静思考的使然。正如当代世界体系理论的奠基人沃勒斯坦所述："即使在今天，尽管社会科学作为一种活动在全球传播开来，但是绝大部分社会科学家依然是欧洲人。在欧洲支配整个世界体制的历史过程中，社会科学作为对欧洲问题的回应应运而生。而社会科学对其主题的选择，它的理论的形成，它的方法论、认识论，都不可避免地反映出使它产生出来的这个大熔炉的种种制约"，"我们必须完全承认欧洲对于重造世界的特殊性，因为只有这样，我们才有可能超越它，并且才有希望获得一种关于人类前景的可能性的更为广泛的普遍性的视野，这种视野绝不回避我们在同时追求真与善的过程中会遇到的任何棘手而复杂的难题"。[1]

第五节　社会危害性的判断标准——"效用原则"

22. 价值标准基于需要和利益而形成

法律意义上，社会危害性的判断标准从根本上说，就是社会主

---

[1] 沃勒斯坦："进退两难的社会科学"，转引自《读书》1998年第2、3期。

文化群的需要和利益。"人们奋斗所争取的一切，都同他们的利益有关。"〔1〕以一定的需要和利益（效用）为标准，价值主体就可以对不同的实践对象（价值事实）作出评价，从而得出能否满足自己的需要和利益、是否对自己有利或有害的价值结论。

美国学者费格尔就价值标准问题谈道："人类的需要和利益为道德标准提供了坚实的基础。在一切文化中实质上都存在一个共同的理想——合作（与相互冲突相反）、互助（与相互伤害相反）、仁爱（与相互仇视相反）、正义（与不公正相反）以及成熟和生长（与停滞和衰退相反）等理想。……在现实的行为中，这些理想远未圆满地实现，甚至只是近似地实现。但是这些理想就是伦理评价的标准。正是参照了这个框架，我们作出'善的'和'恶的'、'正确的'和'错误的'的判断。"〔2〕

群体的价值标准是群体的理想和利益，而个体的价值标准则更为本原。法国 18 世纪的学者摩莱里就此指出："从本性来说，人倾向于从自己出发判断一切与他有关的事物（而这是为了更快懂得注意自我保全），凡是间接或直接使他不快或触犯他的事物，他都称之为恶。"〔3〕对此美国学者爱因·兰德女士更是高度概括到："一个机体的生存就是它的价值标准：凡是递进它的生存的就是善，威

---

〔1〕《马克思恩格斯全集》（第 1 卷），人民出版社 1972 年版，第 82 页。

〔2〕 转引自 ［美］彼彻姆：《哲学的伦理学》，雷克勒等译，中国社会科学出版社 1990 年版，第 459 页。

〔3〕 ［法］摩莱里：《自然法典》，黄建华、姜亚洲译，商务印书馆 1982 年版，第 73 页。

胁它的生存的就是恶。"〔1〕生活中我们不正是依循着这个基本的价值标准去进行道德上和法律上多方面的善恶判断吗！

23. 需要和利益发源于生活的体验

人的需要和利益在价值评价的过程中表现为人们内在的一种理念状态，似乎是纯主观的东西，但究其实质内容，却绝非人们胡思乱想、随心所欲的要求，它仍然是客观的。"毫无疑问的是，所有这样的标准都需要知觉材料，在考虑我们的多数价值标准——即使不是所有标准——时可能也得承认这点。如果我们没有活生生的价值体验、如果我们无所珍视而且被毫无激情的强制性的志向导向美德，则我们说不定一点都不会思考这些事情。"〔2〕

单看价值评价的过程应当说带有极大的随意性——不同主体有不同的价值感受，但"意念"本身却并不随意。人的任何需要和利益都是在人所依附的具体环境中产生的，并始终受其制约；它并不依人本身的意志为转移。正如马克思所说："假如我们想知道什么东西对狗有用，我们就必须探究狗的本性。这种本性本身是不能从'效用原则'中虚构出来的。如果我们想把这一原则运用到人身上来，想根据效用原则来评价人的一切行为、运动和关系等等，就首

---

〔1〕 转引自［美］宾克利：《理想的冲突——西方社会变化着的价值观念》，马元德等译，商务印书馆1983年版，第37页。

〔2〕 ［美］R. B. 培里等：《价值和评价——现代英美价值论集粹》，刘继编选，中国人民大学出版社1989年版，第36页。

先要研究人的一般本性，然后要研究在每个时代历史地发生了变化的人的本性。"[1]社会生活中人们所进行的价值判断，其直接的判断标准就是"效用原则"——需要什么和愿意接受什么的意识。但这种意识，却受制于人的一般本性及特定历史条件下的具体本性，即所谓的"价值标准的标准"。对这个问题我们在此不打算再深究下去，它所涉猎的内容显然已远远地超出了法学的领域，它涉及对"人"本身深邃内涵的揭示以及关于终极道德原则确证的元伦理学问题。[2]

在此我们引用当代美国著名的思想家弗洛姆的话对价值标准问题作一小结："只有人自己（而不是凌驾于人之上的权威）才能规定善恶的标准。内容上，它则基于这条原则，即对人有好处的谓之'善'，对人有害处的谓之'恶'；伦理价值的唯一标准是人的幸福"，"对人有好处的就是善这一原则，并不意味着人的本性就是利己主义或孤独对人有益；也并不意味着人能够在与外界毫不相干的情况下实现人的目的。事实上，……人只有和他的同胞休戚相关、团结一致，才能求得满足和幸福。然而，爱汝邻人并不是一种超越于人之上的现象，而是某些内在于人心中并且从人心中迸发出来的东西。爱既不是一种飘落在人身上的较大力量，也不是一种强加在

---

〔1〕《马克思恩格斯全集》（第23卷），人民出版社1972年版，第669页注（63）。

〔2〕按照西方人文科学的学科标准，伦理学又可分为描述伦理学、元伦理学、一般规范伦理学和应用伦理学四种研究方式。参见〔美〕彼彻姆：《哲学的伦理学》，雷克勒等译，中国社会科学出版社1990年版，第42~45页。

人身上的责任；它是人自己的力量，凭借着这种力量，人使自己和世界联系在一起，并使世界真正成为他的世界。"[1]

24. 亚文化群的价值标准

就亚文化群的人们来说，由于其价值观念与主文化群冲突，故在对善与恶、好与坏、美与丑、是与非等价值结论的取舍上往往恰好是颠倒的。其之所以作出被主文化群视为"偏见"甚至"邪恶"的判断结论，绝非是有意要与社会作对，"其基本逻辑是：人是否有偏见不是出于自身的选择，而是被某种力量推上这条或那条道路的，诸如童年经历、世代沿袭的宗教信仰或类似的不能控制甚至难以觉察的因素"[2]。亚文化群进行价值判断所依循的价值标准，从根本上说也不过还是其所依存的生活环境对之所形成的并不以其意志为转移的需要和利益；他们同样是以"递进"或"威胁"其生存的终极标准去进行自己的价值评价活动。

苏联的学者库德里亚夫采夫对这个问题有着十分确切的论述，他指出："只要分析一下实施违法行为的人的个性和他所处的具体生活环境，违法行为完全是能够解释的；从某种假定的意义上讲，甚至是'相宜的'，当然，这是站在违法者个人的立场说的。但是，

---

〔1〕 〔美〕弗洛姆：《为自己的人》，孙依依译，生活·读书·新知三联书店1988年版，第33、34页。

〔2〕 〔美〕艾尔·巴比：《社会研究方法》，李银河译，四川人民出版社1987年版，第44页。

这种行为是与社会规范和社会价值标准相抵触的，因此需要预防、制止和使其承担法律及道德责任。"[1]库氏的论述在这里虽然只是针对违法者的——执法活动中的违法者与立法过程中的亚文化群并不能画等号，但两者在同法律价值发生冲突的决定性力量上，却是有相通之处的。并且，亚文化群在社会生活中所遭受的最不利的境遇，恰恰就表现在法律价值得以实现的过程中；法律价值如果不能实现，那么亚文化群的厄运就大多只是停留在象征性的宣告之上。

25. 价值评价中的混乱状态

当然，上述对价值标准及其运用过程的分析只是一种非常简化的说明，而实际生活中人们进行价值评价所依循的标准却是十分复杂的。"我们有时称之为价值的东西，完全不是我们的需要对于现实的反映，而只不过是某种现象作有条件的习惯的解释的结果。当涉及到社会行为时，这种情况尤其如此。"[2]一方面，有时候人们并不了解或不完全了解事实真相就急于或被迫作出价值评价，这种情形下价值客体的自然属性同价值主体的利益要求之间并未形成较明晰的观念上的联系或联系的效果并未充分展示，就此人们只能凭依一些混乱的想法或在诱导下作出评价。另一方面，即使人们了解

---

〔1〕［苏］库德里亚夫采夫：《违法行为的原因》，韦政强译，群众出版社 1982 年版，第 80 页。

〔2〕［捷］布罗日克：《价值与评价》，李志林、盛宗范译，知识出版社 1988 年版，第 13 页。

事实真相，也往往并非依循单一的利益标准去进行评价，各种理性和非理性的因素自觉地或潜意识地渗透一起交互作用，从而影响主体所取的价值结论。并且，上述两个方面也常常不是截然分立而是交织在一起的，以至于评价的标准及其过程都更加趋于混乱的状态。生活中许多人在作判断和下结论时，很可能都是受他们非理性的冲动或偏见所驱使。这也正是民主政治也并不能保证民众及决策者们不犯错误的原因之一。

生活中甚至还普遍存在一种似为奇怪但却又很正常的现象，即人们经常自觉地同时扮演着立法的拥护者和执法的违反者的双重角色。"有些迹象似乎表明：法律也可以被这样一些人所接受，即他们所信奉的价值观与体现在法律中的价值完全相悖。一般来说，经验主义研究已发现一些人往往会信奉抽象的政治上的价值观念，而这种价值观念却与他们承认的指导日常行为的准则完全相悖。"[1]

以对偷税行为的态度为例。立法中大家都同仇敌忾、义愤填膺地对之作出否定的评价——不但在税法中规定为违法行为，而且在刑法中也规定为犯罪，而一旦法律实际运转起来，许多人又故意与之作对。从各级官吏、社会名流到不入流的个体商，据说这些人中该纳税的多数人都程度不同地干着偷税的勾当。"在欺骗法律的时候，人们总是具有某种兴趣，并以手段巧妙而自得。"[2]既如此，

---

〔1〕 ［英］科特威尔：《法律社会学导论》，潘大松等译，华夏出版社1989年版，第116~117页。

〔2〕 ［英］罗素：《婚姻革命》，靳建国译，东方出版社1988年版，第106页。

我们又该如何解释这些人在立法中所抱的态度呢？

其实，对这些人来说，在立法中所抱的态度（价值标准）和在生活中所采的价值标准都是相当真实的，两者并不冲突。立法是面向社会所有成员的——在这里，个人所计较的利益仅仅是未来的而不是现实的，这种利益只能是在与其他所有成员的利益的平衡中才得以体现；如果法律不制止偷税、不对其严加惩处，那么就意味着允许所有人都可以"偷"税（法律不禁止、不处罚即可以被视为"允许"，剩下的就只有道德防线了）。既然大家都可以如此，于是某些个人所希图从"大家"身上割取的特殊利益（寄望于偷税所得）也就化为泡影了。

现代社会的法律在形式上不再可能给某些人提供特权了，于是角逐自然就转向法律的实现过程——在具体行为和具体事件中获取"特权"。就这一意义而言，封建时代的法律反而能做到表里一致——王公贵族们所享有的特权大都能得到制度化的公开保证。而现代社会所标榜的是"法律面前人人平等"，于是至少在法律的假设规范上必须冠冕堂皇地对此大肆炫耀，而实际的实现过程却可能大打折扣。在执法中，个人所计较的利益是非常现实的，只要有可能冲破"蜘蛛网"，其结果自然是满载而归。这又何乐而不为呢！"类似的情况在现代文明国家中亦并非罕见。在刑法和税法领域中，强制活动有时得让步于社会上有影响的人物，而本本上的法律并不总是与实际中所运用的法律相一致的，甚至在执意主张用法治进行

管理的社会中，也还是存在着权力失控的飞地。"〔1〕

"法网恢恢、疏而不漏"，那只不过是善良的百姓们基于质朴的因果报应观而臆想的一个神话；只有到了今天——民主共和的宪政制度在全世界深入人心的时代，到了我们有足够的感性材料去描绘一种理想的生活方式的时候，这个神话才显现出一些转变为现实的可能。法律本身不管构造得如何精巧，只要还是由人在操纵，它就不可能"不漏"。老百姓害怕并寄望于法律（法律对他们往往的确是"不漏"），所以才世世代代传诵着这个带恐吓性的神话。而官员和名流们却深谙法律之奥秘——其从制作到运行都不过由他们所控制，法律"漏"与"不漏"很大程度上取决于他们的各种利益和关系的微妙平衡。他们真正害怕的是公众的舆论，所以才时时利用着这个"法网不漏"的神话，以将舆论引向拥戴法律和各种执法处理的方面（相信它们总是"公正的"）。这也正是信奉集权政治的统治者们更看重舆论控制而从内心里对自己所炮制的法律不屑一顾的原因所在。

从某种极端的意义上讲，要控制官员和名流们的违法犯罪，公开的舆论监督比周密的法律有效得多。"民主政治作为一种管理方法，受到一些根本的限制，……限制主要有两个来源：有些决定必须迅速作出，有些决定需要专业知识。……由于这些根本的限制，选民只能将许多极重要的事情托付给政府。直到政府不得不尊重舆

---

〔1〕〔美〕博登海默：《法理学——法哲学及其方法》，邓正来、姬敬武译，华夏出版社1987年版，第343~344页。

论时，民主才算是成功的。"[1]国家的权力基于芸芸众生的让渡而形成，而众生们唯一不可让渡的权力是言论的自由。这种个人的权力并非像一些西方学者们所称的是平行于立法、行政和司法三权之外的"第四权力"，而应当看作是凌驾于国家三权之上居于一种至高极尊地位的权力（至少在宪政理论上应这样看）。国家的"三权"并非是抽象的正义化身，三权中的每一权都不过是由同样充满七情六欲活生生的个人所把握。"一切有权力的人都容易滥用权力，这是万古不易的一条经验"；[2]一旦"三权"的当权者们利益相通或一致时，他们很自然地会以某些难以觉察的方式出卖民众的利益。

民主制度下所谓的"人民当家作主"，其唯一的实在之处就在于宪法及相关配套法律能够保障未能进入政界的平民们能自由地发表自己的政见（除此之外还能有什么实质上的政治权力或权利呢），真正"作主"的政权力量事实上掌握在官员们手中；至于选举权那仅是一种必要的形式，良好的民主制度下无论谁当选都会自动地顺应民情和舆论——否则他就只有下台；一个好的制度将使"坏人"掌了权也只能干好事，而一个坏的制度则将使好人掌了权也最终学会干坏事。从这一点看我们不得不承认国家权力应当派生并服从于

---

〔1〕［英］罗素：《走向幸福——罗素精品集》，王雨、陈基发编译，中国社会出版社1997年版，第310页。

〔2〕［法］孟德斯鸠：《论法的精神》（上册），张雁深译，商务印书馆1961年版，第154页。

公民的言论自由权。这才是真正意义的"国家最高权力"。

俗话说"人言可畏","人言杀人",人言一旦汇成一股巨大的舆论压力，意志再坚强的人都难以抵挡。毕竟人是社会的动物，人只有在社会关系（人与人的关系）中才能生存并求得发展；如果不做出顺应或消弭对立舆论的努力，那么千夫所指、终化为土灰。当代日本的几届自民党内阁不就是因为各种丑闻被舆论（主要是新闻界连篇累牍的追踪报道）轰倒的吗？类似的例子在西方国家不胜枚举（虽然许多事例中不排除权力倾轧的因素，但至少舆论是基本的决定性力量）。如果我们能将法律之操作过程乃至社会上层生活的方方面面都暴露在光天化日之下，不就能织造出一张带柔性（讲情理）但确能置人于死地的"法网"吗！

上述的分析已经跑了题，笔者有感而发且不忍心割"爱"，思想的野马难以驾驭。我们还是回到价值标准的问题上来。尽管价值标准问题在实际过程中表现得非常复杂，但并不影响理论上对过程主要方面简要说明的成立——科学研究的原则之一就是以简单的部分建构起整体。特别是对立法中的价值评价来说，更应当是趋于理性的、单一的利益标准——在局部与整体、现实与长远等诸方面利益的平衡中寻求法律价值的取舍方案。

第六节 社会危害性的载体——有罪过的行为

26. "载体"问题的困惑

若潜心于刑法学基本理论的研究，我们常常会被这样一个问题所困扰：从法律的角度观察并试图获取结论，就客观上造成同样的危害后果而言（如都致他人死亡），有罪过的实害行为同无罪过的实害行为能否都认为具有社会危害性呢？

对此，如果给予否定的回答——不能认为二者都具有社会危害性，则似乎有悖于情理，毕竟它们都造成了同样的实害——就对社会的"实害"而论，它们并没有什么差别。

如果给予肯定的回答——认为二者都具有社会危害性，细细推敲在法理上又难以立论。既然无罪过的实害行为也具有社会危害性，那么按刑法的规定确定其为意外事件（我国《刑法》第 16 条有此规定）而不负刑事责任的根据又是什么呢？仍只能归结于"无罪过"（在犯罪构成上视为缺乏罪过这一要件），于是罪过就被排除于社会危害性之外——社会危害性仅仅是就行为客观上对社会造成了实害而言。这样认识问题就同传统的法学观形成冲突。传统观点一般都认为社会危害性是犯罪及其他违法行为的本质特征，除此之外并无"罪过"的附加；罪过显然是理解于社会危害性之中的。并且，如果承认无罪过的实害行为具有社会危害性，那岂不还得承认可以造成同样甚至更大实害的自然力（如狂风、地震等）以及动物的自发侵袭也具有社会危害性了吗?! 于是乎，从近代社会以来所确立起的刑法观念的基石——"自由意志论"就被动摇了。

上述悖论的死结有解吗? 这是一个深埋在刑法田园里的大石块，学夫们的犁锋似乎总是小心翼翼地绕过。这不仅仅是刑法理论上一个概念的匡谬问题，而且更关系到当代刑法的控制范围和基本走向。当今西方发达国家（以英美为代表）为适应快节奏工业社会的需要，在刑法领域内推行"严格责任原则"（将一部分无罪过的实害行为规定为犯罪追究刑事责任）。这种做法是否合理、是否可取? 探究问题的答案仍归结于一点：刑法意义上的社会危害性究竟应该依附于什么样的载体才得以存在（这里所称的"载体"在哲学价值论中称为"价值客体"，称载体更形象具体一些）? 对此，我们仍运用前述的价值论方法展开一些分析。

27. 评价活动的目的性

社会危害性是社会的主文化群根据自己的需要和利益对某类事物所作出的负价值的评价。评价的过程作为一种主观心理活动，带有极大的目的性，人们不可能无目的地对生活中的所有事物都进行评价。"忧心忡忡的穷人甚至对最美丽的景色都没有什么感觉；贩卖矿物的商人只看到矿物的商业价值。"[1]人们通常只是根据自己直接的生活目的而在无限多的事物中选择与自己目的相关联的客体

---

[1]《马克思恩格斯全集》（第42卷），人民出版社1972年版，第123页。

进行评价。"森峨峨之太华，若秀色之可餐"，这诗意只能是发自于撑饱肚子的文人骚客。对他们来说，酒足饭饱之后山林的秀色又是一种莫大的精神享受；而对穷人来说，山林非但不可"餐"，且无秀（也无不秀）可言。穷人只对实实在在能填肚子的东西进行评价。

28. 法律所评价的仅是人的行为

在法律领域内，社会主文化群（引申为"国家"）制定法律的基本目的在于通过这种政治技术手段规范和控制某类事物。基于此目的，凡是以该手段无法规范和控制的事物则不能进入法律的评价领域。虽然许多国家的法律在过去的时代都曾经将自然力和动物等对象作为法律关系之主体进行惩罚——在当时的时代观念下这种做法仍具有调控人间秩序的积极意义（君王惩罚雷电，其目的在于对百姓表现力量和威慑），但随着时代的进步和观念的更新，同样甚至是给社会造成更大危害的自然力和动物自发侵袭一类的事物就逐步退出了法律的评价领域（即使还给予处罚，其潜在意义仍是针对人的）。人们从法律规范控制事物的角度对它们无可奈何，自有人类（确切地说是有了人类的感情）以来人们就随时得承受这些无法避免的灾难——火来水泼、水来土掩；久而袭之，感情态度上也就麻木了。灾难想法缓解好了，至于带来灾难的原因，人们只能把它们同日落月出等有益的自然现象（有时也会有害）视为同类罢了。即使意图预防和控制，也仅仅只是一个纯技术手段而无法求助于法律的问题。

在自然控制的范围内，人们对自然力所造成的社会危害只看作是一种简单的既定事实，并不作为什么价值感受或深沉的社会属性去考察。在这里，事实和事实中所蕴含的人类价值自然而然地高度融合为一体，似乎是不可分离的单一实在。这种自有人类以来世代相袭的观念自然而然地又被带进了社会控制的领域〔1〕——行为的价值与行为本身也无法相分离，行为的价值就是行为自身固有的客观属性。就这种一元化的认识观来说，休谟所创构的事实-价值二元论在人类认识史上确实具有划时代的意义。我们也说不清楚是由于200年来跨国度的哲学思潮及法律文化的相互作用，还是社会进步自然带来人们情感态度的变化（逐步形成了对社会控制之目的的认识），总之到了今天，虽然我们对事实和价值还不能很好地加以区别，但至少对不同的"事实"本身——对自然力的危害和人类行为的危害已经在观念上建立起了重大的差别，"社会危害性"这一术语已经成为我国法学界对人的行为进行研究的专用词了。如果将地震、台风、雷电一类的自然现象也称为具有社会危害性，这种称谓只会使我们感到别扭和难受而不会带给我们任何有意义的知识。

　　即使是像环境保护法一类的所谓技术性法规，其基本的意义也仅仅是在于建立人们对待自然环境的行为规范——调整的是这一批

---

　　〔1〕　本书在这里将人类对外在环境的控制分为自然控制（对自然环境）和社会控制（对人自身）两大类。当然，这种划分也同任何划分一样只具有相对的意义，并不能排除二者中相互交叉的因素以及二者整合的趋势。

人同那一批人、这一代人同下一代人之间基于自然环境而结成的利益关系。尽管这类法规在字面上大多规定的是一些技术性措施——与自然控制中的纯技术性操作规程无甚区别，但其背后却潜伏着杀气腾腾的"法律责任"。如果你不按这样的技术规程去对待自然环境，那么你将危害我们大家的利益，为此你必须承担赔偿、变本加厉地被制裁（包括动用刑罚的可能）的责任。任何法律，它所能并所要控制的仅仅只是人或人的行为而绝非要控制物；人们对自己所无法直接控制的物所能产生的利益的获取都是通过对能够作用于该物的人的控制（依靠法律手段）来实现的。应然法律之底蕴就在于它是人们调整自身群体秩序的一种手段——是人们按照自然规律、迎合自己创造精神而在个人与社会、局部与整体、现实与未来的冲突利益之间设定的强制性公平分配措施。

对自然力一类的事物在法律上是否具有社会危害性的问题我们运用价值评价（法律评价）目的性的原理可以作出较有说服力的回答——该类事物不应成为法律上社会危害性的载体。但无罪过而造成实害的行为是否具有社会危害性的问题却不能简单地照此推论（凡是法律无法控制的事物则至少可以认为不具有法律意义上的社会危害性），它显得非常复杂。从现代法律的一般规定来看，一部分无罪过的行为是被纳入法律的评价领域的（如精神病人实施了危害行为，可以以法律的名义强制其接受治疗——形式上是剥夺其自由）；从发展趋势来看，还有不断扩大的势头。现代科学技术的发展为人类控制自身的行为提供了越来越多的技术手段，于是人类越来越试图对影响自身类的秩序的所有行为都加以控制，并希求通过法律手段将这种控制过程规范化、全面化、人道化、公开化、技术化。并且，现代法律的发展趋势不仅表现出对无罪过的实害行为要加以规范和控制，而且对相当一部分具有社会有利性的行为也要加以规范和倡导；法律设定的鼓励性规范即属此列（如我国《文物保护法》第29条的规定）。

显然，仅仅从行为是否应受法律规范、控制（倡导在广义上可视为一种控制）的角度是不足以确定社会危害性的载体的。但从这个角度我们至少可以获得两点认识：①能够将人的实害行为同其他非人类因素造成实害的事物区分开来——两者在危害社会的法律意义上是根本不同的；②受法律规范和控制的人类行为包括有罪过的实害行为、无罪过的实害行为和对社会有利的行为三个大类。[1]

29. 走出理论的困境

撇开对社会有利的行为（鼓励性规范）不论，单就两类实害行为而言，能否就造成"实害"这一点把它们都称为"具有社会危害性"呢？我们可以再调聚一下问题的焦点：也撇开有罪过的实害

---

〔1〕 以对社会是否有害的标准，法律上的行为可分为实害行为、中性行为和有利行为三个大类，有或无罪过的实害行为是以有无罪过为标准对实害行为的再划分。本书因侧重于分析有或无罪过的实害行为，故直接作此跨层次的划分。中性行为因讨论意义不大，故略去不计。

行为不论（该类行为具有社会危害性属于定论），无罪过的实害行为是否具有社会危害性呢？

在文字上转了一大圈，还是回到本节开始提出的问题上来了。对这个问题本人苦苦思索了数年之久（也由此而引发了对哲学价值论的兴趣），时而山穷水尽，时而柳暗花明；潜心思考在基本方面晓畅其意，下得笔来又堕入五里雾中。忽一日茅塞顿开——这只不过是一个语言怎样表述的思维形式的建构问题。

语言本身只是一种表达思想的约定俗成的符号系统。过去我们缺乏对"社会危害性"的精细分析，其作为一个符号或信号究竟传递着一些什么思维内容——这一点至少可以说并不十分清楚。长期以来我们对"社会危害性"这一术语中是否包含主观罪过并无明确的约定，它似乎只是大概地、笼统地指称着人的危害行为；而一旦我们认真地对危害行为作出有无罪过的区分，就会发现很难再将社会危害性简单地分别归还给它们——两类行为存在着重大的甚至是根本性的差异；不管我们将无罪过的实害行为称为有还是无社会危害性，我们都将陷入前述的悖论之中。

这种情况犹如海员们在海上用旗语或灯光信号（也是一种符号）传递信息，特定的信息以约定的信号相互传递。而某日某人突发奇想又从旧信息中分离出一些新的信息，但仍沿用旧的信号试图传递。于是就出现了这样的场面：发信号者时而明白自己传递的是什么信息，但时而又被自己的信号弄得昏头昏脑（新信息与旧信息相缠绕）；受信号者或是按过去的约定接受着过去的信息，或是被所接受的信息与场景的不合而搞得莫名其妙。

全部问题的死结就在于旧的符号系统与新的思维内容之间的不协调，从而必然带来人们在理解符号时的混乱和糊涂。

对这一现象美国人类学家霍贝尔在研究前文字社会中的原始法时也曾遇到，他指出："当一个研究者拓宽了知识的领域，或在某一点上进行了更深的发掘之后，他必定会发现老的词汇必须赋予其新义，或必须苦心孤诣地构思出新的词语，用以指称那些与旧的语词和概念中所包含的意义极不相同的新现象。新的事实和新的思想经常确需新的词语。……如果能完全不致歪曲事实和含义，又能用大家熟悉的术语讲述这些问题，看来总是受人青睐的。因此，在对法的任何研究中，只要有可能运用法学已经提供给我们的术语和概念，就是人们所希望的。"[1]

其实，如果我们首先能够小心地避开语词如何表述所带来的困惑（达到表述的清晰和明确只能是一个很长时期求取共识的约定过程），问题就可以简化成一个人们对待事物的感情态度——价值评价的问题，即社会危害性作为一种负价值能否在对无罪过的实害行为的评价中产生。

举一例我们设身处地去考察一番：某甲在街上见一妇女提两个包正吃力地急急行走，于是上前帮妇女提一包送至公共汽车站。该妇女携物乘车离去后，另一人赶来称妇女为小偷、两提包系入室窃

---

〔1〕〔美〕霍贝尔：《初民的法律——法的动态比较研究》，周勇译，中国社会科学出版社 1993 年版，第 20 页。

得之物。此事经查证属实。该案中某甲帮助妇女的行为是否具有社会危害性呢？从实际情况分析，甲并不知妇女为盗窃犯，其也不可能查证清楚才去帮助他人，在情理上甲助人为乐的行为不但无可指责，而且还应得到肯定和鼓励（如果将甲的行为斥为具有社会危害性又会产生什么样的社会示范效应呢），故对甲的行为不应当认为具有社会危害性；从后果来看，由于甲的帮助行为使盗窃犯得以逃脱，该行为在客观上的确危害了社会，在这一意义上又可得出甲的行为具有社会危害性的结论。于是我们就陷入悖论之中。

要解开上述悖论可以有两个途径：一个似乎较为简单的途径是直接测定并描述人们对各种行为的感情和态度——通过这一途径在人们对某些行为所产生的憎恶的感情和态度的基础上建立起关于社会危害性载体的规范理论体系。这一途径虽然相对简单但却伴随着被导入误区的危险（本人曾长期徘徊于这一误区）。由于现实生活中人们感情态度本身的复杂性和对具体事件及行为判断上的随机性，以及被评价的行为与周围世界方方面面不同的利益关联性，故一旦我们试图具体进行这项工作时却会发现仍难以着手。还以对上述案例中某甲行为的评价为例，一些人可能坚持认为有社会危害性而另一些人又可能持截然相反的看法，也许还有一些善于思考的人会被问题中的悖论搞得莫名其妙而不得不理智地放弃明确的表态（尽管可以分主客观层面分别表述却最终无法自圆其说）。

另一个相对复杂的途径是割断环环相扣的问题链条而另辟蹊径：既然法律所控制的只是人或人的行为、刑法意义上的社会危害性只能是依附于人或人的行为，那么我们对"载体"的分析也就可以直接以"人"为理论初始形态而进行——从"人"的本体、人之存在、人的意识、人与人之关系等基本的"人学"理论着手，由此展开分析体系再重新回到问题上并求证其答案。现实生活中无法找到答案就迫使我们转向在纯理论的探索中去求取应然的模型。"面对相互冲突的和不能用同一尺度衡量的诸种主张，即使我们手足无措，我们仍然需要做某种事情。行为必须是单一的，实际上蕴涵着的'确证'也必须是单一的，否则，就无所谓正确的和错误的；否则，在冲突的情况下，一切抉择俱是任意武断的。"[1]

综观近代以来世界法律文化中所定型的两大法系（中国及原东欧社会主义国家的所谓"社会主义法系"在法治技术上可归为大陆法系），其主要的区别在于法治技术上，而不在于法治的指导思想及基本理论上。就后一方面而言，两大法系虽也有不同但却并不构成实质性的分歧。在法治的指导思想及基本理论方面，两大法系在长期的发展过程中都越来越处于一种与国家管理者们的意图、现行法律的规定及实际案件的需要亦步亦趋的局面。"他们直接关心的是恢复被扰乱了的秩序，而不是建立社会的基础。"[2]在刑法所面临的

----

〔1〕 转引自〔美〕彼彻姆：《哲学的伦理学》，雷克勒等译，中国社会科学出版社1990年版，第76~77页。

〔2〕 〔法〕达维德：《当代主要法律体系》，漆竹生译，上海译文出版社1984年版，第26页。达维德这段话虽只是针对英美法系所述，但其实大陆法系也有这种倾向。

若干重大实际问题上，由于缺乏深层次关于人的哲学的思考，故在解决方案的制定上大多只能是提出一些应急性的平衡措施，因而都不同程度地缺乏引导性的阐述及对应然法律模型和应然生活秩序的探究。诸如所采取的扩大犯罪外延、大规模适用罚金刑、贯彻"严格责任原则"等做法，事实上都一定程度地将刑法导入了实用主义和权宜之计的误区，由此虽在表面上维护了社会生活的平静但却埋下了更多的矛盾和危机（使人们的观念逐步转向看淡或藐视法律的方面）。

回顾一下我们在"载体"问题上所遭遇的困境：问题的难点首先在于对无罪过的实害行为有无社会危害性的认定，这其实只是一个旧的符号（社会危害性）无法准确表达新的内容（无罪过的实害行为）的语词表述问题；撇开如何表述暂且不论，问题仍可以简化成对行为的价值如何评价的问题，但由于人们在对具体行为进行评价时的混乱状态，事实上这一过程也无法进行；于是我们只得另找途径，试图从关于"人"的哲学的讨论着手，而这一思路与当代刑法在理论上的期求是一致的。就此我们不妨下一点功夫。

30. 精神生活是连接人类群体的纽带

美国社会学家库利曾就人文科学的基本研究思路指出："人是一回事，而关于他的观念是另一回事，但后者才是真实的社会存在，人们就靠它彼此存在着，并对彼此的生活发生直接影响。因此，任何没有紧紧把握住人的观念的对社会的研究都是空洞无用的——只是教义而根本算不上知识。我认为，根本不面对社会的事实，而仅把人当作物质存在的派生物这样一种模糊的物质论，是对伦理学、政治学和一切关于社会和个人生活的看法错误的主要根源。"[1]库利的上述思想对我们反思人类几千年的全部法律文化具有振聋发聩之意义。过去的法律哲学所注重的是实际利益的平衡（由此推导出各种法律价值和法律措施），而所忽略的恰恰是对本元的"人"（观念）的状态的分析。

人类是精神的动物。人类除了有与动物群体相似的依赖自然环境的物质生活外，更有独特的精神生活。虽然人类的物质生活已包含着物化的精神创造，但仅就"物质性"而言，与动物群体仍只有程度的差别（将蚁穴或蜂巢同人类的建筑相比较，就精巧性和对居住主体的舒适性而言，后者并不比前者高明多少）。人类唯有在精神的世界中才真正做到了将"人"加以显现并相互联系起来，从而形成一个这星球上任何生物力量都无法与之抗衡的生命群体。[2]思维着的精神——是这地球上最美的花朵（恩格斯语）。

同动物相比较，人在生物学意义上是最软弱、最无能的。动物能够通过积极地调节自身机能而不断适应变化着的外在环境，只是

---

〔1〕［美］库利：《人类本性与社会秩序》，包凡一、王源译，华夏出版社1989年版，第79页。

〔2〕按照当代生物学界一些学者提出的观点和论据，一些高等动物也是具有智力的，即具有与人类相似的精神活动。但即使这样，人类的记忆力、分析能力和创造性也是任何动物都无法比拟的。这种巨大的量差（量差之间缺少过渡或中介状态）仍然可以构成本质的差别。

它全然不能改变它所依存的环境；当动物遭遇残酷恶劣的自然条件而再也无力调控时，其个体灭亡甚至群体绝种的厄运也就在所难逃。而人类在适应周围环境的生命过程中相对来说却缺乏调节的本能，他无力改变自身的生理机能去适应变化万千的客观世界，却可以通过改变外在的世界来适应自己的本能而求得生存和发展。"可以说，人是在进化过程中，本能适应力达到最低点时出现的。但是，他的出现具有了一种使他不同于动物的新特性：他意识到自己是一个独立的实体，他有回忆过去、展望未来的能力，有用符号表示客体和行为的能力；他用理性规划并理解着世界；他的想象力远远超出他的感觉之范围。人是所有动物中最无能的，但这种生物学意义上的软弱性正是人之力量的基础，也是人所独有的特性之发展的基本原因。"[1]精神状态的产生使人得以脱离动物的世界而"自我"地存在，使人得以创造性地改变自然环境以适应自己的本能（事实上人之"本能"在进化中也远远超出了生物学上的本能意义）。

人的本质是精神！没有精神、没有思维、没有观念，也就没有人类——存在的只是直立行走的动物（难怪 17 世纪首先是作为自然科学家和数学家，其次才是哲学家存在的笛卡尔会发出"我思故我在"的至理名言）；而精神其本质或者说其生命在于交流！没有交流就不会产生精神——存在的只是动物间生理本能上的相互依

〔1〕 ［美］弗洛姆：《为自己的人》，孙依依译，生活·读书·新知三联书店 1988年版，第 55 页。

存。人类"精神"的产生应该是一种偶然的、短暂的过程而非一种必然的、长期的过程；后一种过程似乎只能造就新的动物物种。[1]并且，人的精神状态一旦产生便至少作为一种潜能不再受制于任何物质形态；精神虽然依附于肉身但并不受制于肉身——个体的肉身不能决定个体的精神是否存在、如何存在；反过来，倒是精神支配肉身去实现一切。

人类在相互的交往中更注重的是精神和情感的和谐，而唯有和谐才能保证持久绵绵的交往。这正是人类战无不胜的力量所在。"没有这种意识中的交往，就没有智慧、力量和正义，就根本没有高级的存在。"[2]人与人之间和谐的意识流的相互支持和联系，才使这个群体得以表达自己并存在下来；人类社会的躯体之所以需要伦理道德的支撑，其原动力盖源于此。伦理价值的判断标准在于利益原则，而利益中更深刻、更重要的方面并不在于物质成分而为精

---

[1]　笔者曾大胆构想过一个关于人类起源（精神状态产生）的假说：人类精神状态的产生根源于猿类交配方式的改变；由雄性对雌性的背位交配改变为雄、雌性的正位交配（这是地球生物种类中由人类和某些海洋哺乳动物独有的一种交配方式）。动物的交配是给机体带来高度快感的生理活动，在高度快感中由于直面相视而目光对射和交流，从而激发了灵感和想象力；灵感的火星被目光点燃，生理的宣泄同时升华出一种心理的愉悦和满足，"精神"由此而诞生。由这一点可推断精神的本质或生命在于交流。至于猿类为什么会改变交配方式，其直接动因又在于直立行走所提供的便利、需要和可能（但仅是直立行走其本身的意义并不足以识别人类，这不过是地球上又多了一种两条腿运动的新物种）。而猿类为什么会改变行姿"站"起来呢？这又有各种假说。最有代表性的就是"森林消失说"（笔者不同意这种假说，但限于题目不再作假设论证）。

[2]　［美］库利：《人类本性与社会秩序》，包凡一、王源译，华夏出版社1989年版，第62页。

神成分。"伦理思想的发展是以这样一个事实为特征的，即有关人之行为的价值判断是由行动背后的动机所组成，而不是由行动本身所组成的。"[1]

生活中人们对某一行为的评价态度在理智状态下并不为该行为的客观物质作用所左右，而是随行为人发动行为的主观意向转移。人类这种对待自身行为的观念和态度由远古时代模糊的理性思维形成并在历史的长期过程中逐步清晰和定型化。

20世纪早期的美国人类学家吉林在对尚处于原始时代的巴拿马河加勒比人的法律的考察中发现了一种"有趣的逻辑推演"方式。依吉林之见："加勒比人关于动机的观点，用我们的话来说，是依据这样一种推断，即他们把这种意外事件与经常危害和烦扰人类的自然事件归为一类，并认为其是由神灵或超自然所引发的，它可能是人们无意中违反了禁忌的结果。如果一个人意外地杀死或毒死他人，他只是不知不觉中作了神的代理人，而这个神是不能被惩罚的。个人的反抗在这类案件中被排除了，团体的巩固并没有受到影响，他人无需为此而进行复仇。"[2]

休谟也就此指出："一个偶然伤害我们的人，并不因此成为我们的仇敌，而任何人如果在无意中对我们有所效劳，我们也对他毫无感激的义务。我们根据意向判断行为，随着意向的善恶，那些行

---

〔1〕［美］弗洛姆：《为自己的人》，孙依依译，生活·读书·新知三联书店1988年版，第50页。

〔2〕转引自［美］霍贝尔：《初民的法律——法的动态比较研究》，周勇译，中国社会科学出版社1993年版，第334~335页。

为才成为爱和恨的原因。"[1]

并且，人们在判断过程中对行为内含的"意向"又作了细致的区分：故意和过失的不同意向显然对我们的感情伤害存在巨大的差别，故过失行为尽管往往造成比故意行为更大的实害，但我们却能够加以原谅——仅仅只给予大大轻于故意行为的处罚。人类的具体活动永远是会逾越理智而受情绪支配的，对犯罪之处罚也就永远会带有报复之成分；但如何进行报复就主要取决于犯罪行为之意向对我们感情伤害的程度。亚里士多德曾说过："立法者把感情看得比正义还重。"[2]正义始终只是抽象的并会发生争议的缥缈原则，而感情却是具体的顽固不化的利益现实（任何感情都产生于一定的利益关系）。

价值评价是人们在以意识为向导的交往中所形成的一种利益性判断。由于评价过程中不同主体有不同的利益标准，故价值取向及价值结论自然会有不同的选择；价值评价本身无所谓正误是非之分。但在对人的社会行为的评价上，特定的人类群体却表现出相当程度的一致性。"人类之中特别有某种对尊严和礼仪的关心，这就导致人们把那些使我们鄙贱的东西掩盖起来，导致保持廉耻，厌恶乱伦，埋葬死尸，决不吃人，也不吃活的动物。人们也被导致爱惜

---

〔1〕 ［英］休谟：《人性论》（下），关文运译，商务印书馆 1980 年版，第 385 页。

〔2〕 转引自［英］沃拉斯：《政治中的人性》，朱曾汶译，商务印书馆 1995 年版，第 18 页。

名誉，甚至超出需要以至生命之上；导致会感到受良心的谴责而悔恨。"[1]特定社区内人们冲突的利益经过千百次的碰撞而逐步趋于平衡（人类初始形态的利益冲突主要表现为从动物状态沿袭下来的"弱肉强食"的生存竞争)，形成世代相袭、根植人心的伦理道德信条；违背这些信条的行为谓之"恶"，反之则为"善"。而"恶"与"社会危害性"实为等义的概念，它们同质同量而只是名称和使用场合不同罢了。

从"恶"的内在含义来看，它只是对人心或人性的一种评价（当然这种"人心"须通过行为得以外化地表现，否则我们就无从认识人的内心)。虽然生活中我们也时时用"恶"的语词符号去指称动物等一类自然事物——如恶狼、恶狗、恶猫，并且动物之恶与人类之恶在价值评价的意义上仍有通约的一面——都是对消极地影响人类群体生活秩序的事实关系的评价。但动物之恶与人类之恶却有一点根本的不同：动物之恶的种种表现都是其自然本能的必要伸展，其失去了这些恶的表现也就失去了自身的存在；而人类之恶的种种表现却是其自由意志的选择性扩张，压抑这些恶的欲念才真正实现了自由人的存在。动物之侵害一般来说只会伤及我们的皮肉，而人对同类之侵害较之于动物不仅在方式和程度上暴烈千百倍，更可怕的是我们所能感受的同类对我们精神的折磨和摧残、对我们良心的亵渎和冒犯。

---

〔1〕［德］莱布尼茨：《人类理智新论》，陈修斋译，商务印书馆1982年版，第60~61页。

人们常常称一些令人恶心的性变态者、令人发指的性虐待狂"连禽兽都不如"。将这等人与飞禽走兽归为一类，其实差矣！殊未想到动物的性生活其实十分有序——固定的同类异性对象、固定的季节、固定的方式，至少在个体生命的延续期间丝毫不会改变，一切都不过是其机体本能最自然的舒展和表现；对人类的感情来说，一般并不产生"恶"的意义而至多不过是使一些少见多怪的人感到害羞。而人类的"性恶"与动物相比较从展现方式到本质意义都根本不同。初始状态的人类通过意念逐步改变了自身的性本能，使人类可以不受季节限制而在任何时候通过意念发动性欲。人类在其性生活和性交往的领域内将其本来十分可怜的生理能力依靠意念和想象力放大了千万倍（当然也可以压抑为零）。这是一个人类的创造性和想象力能够得以最充分实现也是唯一最少受时代和条件限制的领域，每一个无耻之徒几乎都可以很容易地将其欲念以变态（相对于同时代大多数人的常态方式）或残酷的方式淋漓尽致地加以发挥和表现。这更是精神疯狂扩张的表达而极少生理本能宣泄的成分——一种欲念对现存生活方式、伦理秩序和物质条件的挑战。人类的种种"恶"的表现、种种方式的"犯罪"似乎都程度不同地具有这方面的含义。罗素就此谈道："对人类来说，本能是极模糊不清的，极容易背道而驰的。这不但在野蛮人中间是这样，在有文化的群体中间也是如此。实际上，'本能'这个词对于人类的性行为，并不是一个很恰当的字眼。整个说来，根据严格的心理学可以称之为本能的行为，只有婴孩的吸乳动作。我不知道野蛮人的情况如何，但文明人是要学习性交的。……性行为并不是本能的，虽然存在着一种对于性行为的自然趋向和一种非有性行为而不能满足的欲望。"[1]

在人类生活的其他领域，其所生来具有的所谓生理本能随着人自身的发展也日益失去"本能"的本来意义。到今天为止，人类的所有生理本能几乎都已经完成了意念化、人性化的过程而挣脱了纯受自然或生理要求摆布的樊笼。就拿我们生命存在的最基本需求——食欲的满足来说，也不再是不受我们意志控制的纯本能的活动。人们既可以通过意志压抑自己的食欲而数日不吃不喝为某种信仰而自毙（所谓"饿死事小、失节事大"）或达到某种超常的状态（如道教及气功的"辟谷"），也可以通过意志放大自己的食欲而远远超出身体需要量暴饮暴食。

人们从早到晚忙忙碌碌的直接驱动力在于求取物质利益，而深一步考察物质的取得却是为了充塞精神的无底洞。现代商业社会人们常常悲叹世风衰败，一些人失却信仰而转向疯狂的拜物教。其实"拜物"也不过是精神异化的一种表现，对物质的疯狂占有并非本能或生活的需要而纯属一种观念上的满足。正是观念所带给我们的正或负两方面作用的驱使，或者说是分不清正负的观念的驱使，才使人类结成这个五光十色的多元社会，并推动这个社会永无休止地向前发展。人类在这个过程中也就彻头彻尾地超脱动物本能而精神化、观念化了。

---

〔1〕 ［英］罗素：《婚姻革命》，靳建国译，东方出版社 1988 年版，第 9~10 页。

31. 刑法应切中人的意志

自有人类群体以来就有维持群体秩序的种种规范。这些规范无论是属于道德、宗教还是法律的范畴（人类历史越久远，几者之间越缺乏清楚明确的界限），无论是直接针对人的还是针对动物、自然力或其他稀奇古怪的东西，其最终的回归力都不过是要达到人的内心。通过这些规范在实际生活中的运用而产生正或负方方面面的效应——光荣与耻辱、喜悦与恐惧、幸福与苦难，人们获得这些感情并与自己的各种利益相联系，从而形成对群体秩序和群体生活方式的领受和认同。

古代社会人们对行为的价值评价主要是从行为引发的客观后果方面取值，故反映在法律上就出现许多"客观归罪"的规定，行为只要造成实害而不问是否有罪过、有何种罪过而统统给予相同的处罚。近代社会以来，随着人类对自身存在的深刻反省和对自身精神本性较全面的认识，也随着确证精神活动的多种技术手段的出现，人们在对各种社会行为的评价上就逐步转向行为中内含的精神成分。欧洲刑法史上"自由意志论"的兴起及取得独断地位，其哲学背景就大体如此。这应当说是符合人之本性的一次刑法革命。即使是对欧洲资产阶级革命本身的认识，其最深刻的动因也应看作并非商品经济的刺激而在于文艺复兴和宗教改革所带来的观念更新（近代资本主义是在荷兰、英国等新教国家开始的）。"资本主义精神无疑在资本主义秩序出现之前就出现了。"〔1〕观念总是会领先于物质的变革而远远走在前面，精神的实在就在于它能并且也只能超越"实在"（才能存在），与"实在"同步也就不会再有精神的存在。于是精神按照其自由自在的本性塑造了新生活的秩序；〔2〕而刑法领域则只是对这一潮流之顺应。我们当如此获取认识才能真正把握"自由意志论"之底蕴。

须说明的是：刑法史上的自由意志论所指称的"意志"与库利所论及的"人的观念"并非一个层面不同角度（或不同语词）的问题。库利论及的是"在观念中显现的人"（人的存在），而自由意志论所讨论的是物质的人的活动是由其观念支配的（存在的人）。虽然两者不可同日而语，但毕竟自由意志论在人类刑法史上已向着人本主义的哲学大大地跨了一步。

自由意志论以后又盛极一时的刑法学说是所谓新派（相对于倡导自由意志论的旧派）的性格决定论。但其实两种学说在根本点上仍有不同于古代刑法重结果而转为重意志的相同之处，都认为犯罪

----

〔1〕 ［德］韦伯：《新教伦理与资本主义精神》，董晓京、彭强译，四川人民出版社1986年版，第29页。

〔2〕 康德说过："意志的特征就是自由"（见［德］康德：《法的形而上学原理——权利的科学》，沈叔平译，商务印书馆1991年版，第28页）。康德以后的菲希特、黑格尔等人均有意义相同的论述。从西方人的理解来看，人类有了精神、有了意志，便必然会产生自由的观念。但对东方民族却未必使然。西方民族认为想当然的东西对东方人却并不具认同感——在我们的观念中，意志的特征应该说是和谐；同样的生理结构、同样的精神潜质，却生成极具差异的思维方式及内容。对这一点细思索实在令人称奇不已。循着追寻"差异"原因的思路，似乎可以找到一条走出历史迷宫的道路。关于这一问题的阐述参见本书第20小节。

行为（反社会行为）是由行为之主体的意志所控制的；而所争论的只是"意志"究竟是否是"自由的"。旧派声称意志是自由的，行为人可以根据自己的意志选择是否实施犯罪行为；而新派则声称意志并非是自由的，行为人的犯罪意志是由其反社会的危险性格所必然注定的（而性格又是天生的或是由社会环境造就的）。事实上新派学说从初始的理论到司法实际的运用都更为强调对意志及意志主体的控制，只不过变换了提法、调整了角度（由以行为为中心转向以行为人为中心建构理论体系）而直截了当地切中要害，于是乎给人一种耳目全新的感觉。并且，20世纪以来"现代心理学却已经更深地潜入到精神病态的海洋里去，而人类理性的小船正在那上面很不安全地浮荡着"。[1]

纵观近代以来刑法史的基本发展过程，由旧派学说到新派学说又嬗变出当代刑法的"保安处分"，其间重意志的基本脉络应该说是相通的。有一点带共识的看法为：刑法的基本着眼点并不在于对已然行为的报复或惩罚，而在于防患于未然；而对未然行为的控制则只能是通过对现实的人的意志的影响才能实现。不同学说之分歧主要围绕在对"意志"进行论证的方法、角度、术语以及调控意志的措施等方面的选择上，而越到后期服务于国家、急功近利、维持治安秩序的实用色彩就越浓厚、越明显。

应当承认，刑法应切中人的意志（且不论其是否自由）进行调

────────────

〔1〕 ［英］罗素：《走向幸福——罗素精品集》，王雨、陈基发编译，中国社会出版社1997年版，第556页。

控、受惩罚的犯罪应界定为有罪过的行为这一基本思路以及大体上围绕这一思路建立起的现代刑法的定罪量刑体系（尽管不无相左的做法和理论），其不仅从短期功利遏制犯罪的角度看是十分有效的，而且从深远处考察也是同人本主义的哲学、伦理学、政治学等人文科学的基本精神相协调的（对这些问题本书前面部分已作了大量的分析）。人类的精神既创就文明和美德，同时又制造邪恶与丑陋；人是天使与魔鬼的一种奇妙的混合体（罗素语）。对担当国家管理重任的立法者来说，要紧的是最大限度地调动起精神的美德去压倒精神的丑恶。如果能将刑法从立法到司法的全过程都自觉地置于这一思路的考虑之下，应该说国家随之而动用刑法才是最合理和更有效的。

32. "严格责任原则"是否可行

现代刑法中与上述思路相左的一种做法是近年来在英美刑法中出现的"严格责任原则"，其大体的含义为在某种没有罪过的场合仍可将行为定性为犯罪并对行为人追究刑事责任。"在制定法规定的犯罪中出现严格责任，一般是因为制定法条文涉及特定犯罪的犯罪行为要素时，没有'明知故犯地'一类的字眼，而法庭在理解时也不愿硬加进去，或者说，不愿指明被告至少涉及犯罪行为的要素时有主观过失。……严格责任主要存在于像食品销售、房屋登记、使用假的或易混淆的商业说明书等问题上的管理性法规中。同时，道路交通法规中的许多犯罪和某些财政金融法规条款中的犯罪被认为适用严格责任。"[1]

从英美刑法适用严格责任原则的初衷来看，其主要基于两方面的考虑：①在大多数案件中行为人并非是无罪过，只是对其罪过在诉讼中进行司法证明难以实现。为了不放纵犯罪，于是在实体法中对这些犯罪的构成要件只强调客观行为及后果而对罪过不作规定。"实行严格责任的理由之一就是，在违反管理法规的犯罪中，大多数对公众有很大危害性，而且，要证明被告的行为是否出于故意或过失，是非常困难的，因此，若把犯罪意图作为犯罪构成的必要条件，往往会使被告逃脱惩罚，使法律形同虚设。"[2]②不排除少数同类案件中行为人的确无罪过，但牺牲这少数人利益可以切实保护社会公众利益。"实行严格责任，可以有助于保证社会团体或组织的负责人采取一切可行的措施去贯彻执行有关社会福利方面的重要法规。不考虑犯罪意图也给予定罪，可以制约或迫使人们不去做不允许做的事，同时也保证了人们可以去做允许做的事。"[3]

从我国现行刑法的规定来看，不知是迫于现实的需要还是直接受英美刑法的影响，近年来在公布的一些单行刑事法规和1997年颁布的《刑法》中也采取了类似于严格责任的做法。《刑法》第

---

〔1〕［英］克罗斯、琼斯：《英国刑法导论》，赵秉志等译，中国人民大学出版社1991年版，第70页。

〔2〕［英］克罗斯、琼斯：《英国刑法导论》，赵秉志等译，中国人民大学出版社1991年版，第77页。

〔3〕［英］克罗斯、琼斯：《英国刑法导论》，赵秉志等译，中国人民大学出版社1991年版，第77页。

348条规定："非法持有鸦片一千克以上、海洛因或者甲基苯丙胺五十克以上或者其他毒品数量大的，处七年以上有期徒刑……"从该规定的措辞来看，并未强调持有人对毒品的持有状态须具有"明知"的罪过，只要客观上"持有"而不必考查是否有罪过即可定罪；[1]尽管持有人可以合情理地辩解根本不知有毒品的存在、不知为谁所陷害，但这恰恰正是严格责任原则所要堵塞的法律漏洞。"如果对事实的无知或认识错误总是可以作为辩护理由而被接受，那么，许多虚假的辩护都可以成功。"[2]第141条规定："生产、销售假药，足以严重危害人体健康的，处……"第142条对销售劣药的犯罪和第143条对销售不符合卫生标准的食品的犯罪，也作了相似的规定。对照第144、145、146、147、148条对销售其他伪劣产品行为在罪过上明确规定的"明知"要件，可以推定第141、142、143条对销售伪劣药品、食品的行为（由于直接危害人体健康）并不要求"明知"的罪过，故只能视为严格责任。

对英美刑法就严格责任原则所持的积极推行的态度来看，并联系考虑到我国刑法近年来所采类似做法的新动向，有必要

---

〔1〕 对这种"持有"型的犯罪在西方刑法中又称状态犯——一种根据不法状态与特定主体之间所客观存在的直接归属关系而确定的犯罪。对状态犯在主观要件上是不强调罪过的（不问是否有罪过统统定罪），故仍可归为"严格责任原则"的一个类别。状态犯在客观要件上也与传统犯罪不同，它是因"持有"的不法状态本身（如在住宅中发现毒品）而构成犯罪，既非传统意义的"作为"也非"不作为"——没有行为而只有"状态"。

〔2〕 ［英］克罗斯、琼斯：《英国刑法导论》，赵秉志译，中国人民大学出版社1991年版，第77页。

在理论上引起高度的重视。这不仅关系到刑法本身控制范围的界定问题，更关系到对立法者、司法者及民众的刑法观念的导向问题。

刑法是国家控制社会的最后的、最极端的手段，它在调控社会关系方面同其他部门法的根本不同之处在于：其他部门法调控手段的基本着眼点在于平衡主体之间的关系（等量补偿），即使采取惩罚性措施也只是次要的考虑，只在于表达一种象征性的警示意义，并不具有对人的意志的特别遏制力；而刑法调控手段的基本着眼点在于惩罚犯罪的主体，对犯罪主体恶的意志进行压抑、改造甚至消灭。基于这一宗旨，凡是不具有罪过（恶的意志）的行为均不应进入刑法的领域。

从实行严格责任原则的主要理由来看，其不仅在理论上与刑法应有的精神相悖，而且在法治技术的层面上也是难以立论的。如果说是为了"堵漏"，防止犯罪人在诉讼中钻证据的空子（对主观意图的证明本身就十分困难），那么这个原则无非是通过实体法（刑法）而表达的一种程序法上无证据推定的诉讼规则，即行为人事实上是有罪过的，只是在诉讼中的证明太复杂、太困难甚至不可能，于是只要在刑法中减少对犯罪构成要件（罪过）的规定，就无须在诉讼中再予以证明即可定罪。如果实际状况均系如此，那么国家为了降低诉讼成本、从快从严打击犯罪而采取这种变通处置方式并不是不可取的。但问题并非这样简单。从客观情况分析，行为人的心理状态事实上呈三种可能——故意、过失或完全无罪过（意外事件），虽然其出现的概率依次递减，但并不能排除后两者的存在。既然情况如此，那么刑法上又怎么能够仅凭同样的危害后果而将三种不同的心态规定为同一种犯罪给予相同的处罚呢？一旦被告人在诉讼中提出确凿的证据证明自己无罪过，我们对这类案件又该如何处理呢（是依法定罪还是依事实情理而不定罪呢）？

在刑法中故意与过失的罪过在主观恶性上有着重大的差别，所以在法定刑的规定上两者极为悬殊，在立法技术的条文规定方式上不允许两者共用一个罪名及一个法定刑（更何况还有无罪过的可能性包含其中），而严格责任原则正是犯了这一大忌。这种含糊其辞、混淆是非的立法方式是不可取的：它既不能给公民提供清楚明确的禁止性规范，也给司法者的肆意专断开了口子。

严格责任原则在实际生活中的运用非但不能达到程序法上"堵漏"的目的（由于它本身的不合理，久而久之漏洞只会越来越大），且最恶劣的是在实体法上误导司法者及公众的观念——犯罪没有了故意和过失的区别，甚至意外事件也可以等同于犯罪。这在长远上可能给社会带来的负面影响是不可低估的。生活中守法的人们即使付出了最多的注意，仍无法完全避免意外原因所造成的危害，为此仍得接受严格责任原则的制裁；而蓄意违法的人即使受到了制裁也仍可能喊冤叫屈，因为我们并没有揭露他们付诸行为的邪恶的意图。"早时的法律对严重犯罪行为常常设定了严格责任，但是先进的法律制度却倾向于要求某种形式的犯罪意图作为刑事定罪的一个要件。"[1]刑法从古代的结果责任逐步转向现代的意志责任，这本身是刑法在对人自身的认识上及控制技术方面取得的重大进步，我们不应当再作任何倒退。刑法所应该关心的仅仅只是人的意志，是行为人倾注于实害行为的故意或过失的罪过；超出这个范围刑法就会变得无聊、显得多管闲事，而无聊和管闲的另一面便是野蛮和残暴。

如果我们将视野放宽到整个法律领域，类似严格责任原则的做法在其他部门法中并非不可取，事实上民法中的无过错责任原则正是这种意义，它也不过是通过实体法语言而确立的一种诉讼规则（无证据推定）。自人类有诉讼以来就存在诉讼中对某些事实难以证明的问题，人类为弥补这一点以强取公正可以说是绞尽脑汁。无过错责任原则之所以能在民法及多个部门法领域行得通，是在于这些领域内对违法行为的处罚主要是采取在经济上作出补偿的方式，即使的确"无过错"而进行了处罚，一般也只涉及通过法律对财产进行再分配是否公平的问题；以牺牲极个别人的财产利益而维护了社会方方面面的整体利益，在现代快节奏的社会中实在是不得已而为之。更何况民法中对完全无过错的实害行为还确立了公平原则而要求行为主体给予对方主体以适当补偿。既然公平原则作为纯粹的实体法原则都可以行得通，那么无过错责任原则事实上作为一个诉讼规则又有什么可值得非议的呢（如有非议也只能首先是对公平原

---

〔1〕 ［美］博登海默：《法理学——法哲学及其方法》，邓正来、姬敬武译，华夏出版社 1987 年版，第 270 页。

则)？而刑法则不同，触犯刑法在处罚上是要求行为人为其行为付出自由甚至生命的代价，[1]没有基于行为主体个人方面的特别正当的理由和充分确凿的证据是不能对该主体动用刑罚的！刑法不应当以冤枉无辜来保障所谓社会的利益（长远看会损失更大的利益），即使概率极小，但至少在立法上必须杜绝这种可能性。

　　储槐植先生对此概括道："类似美国刑法中的绝对责任罪，在大陆法系许多国家都不是犯罪，只是可受行政处罚的违反工商行政管理或治安交通管理的违法行为。行政处罚是不必要求主观罪过要件的。所以，绝对责任制度的存废之争的关键在于那些同公众利益息息相关的违法行为是否纳入犯罪的范畴。"[2]由此可见，从国家控制社会的角度来看，对无罪过的实害行为并非是要放任自流，而只是究竟应置于行政或者刑法哪一个领域内处罚的问题。如果说刑法的立法基石在于"自由意志论"（意志控制论），[3]那么整个法律体系的立论基石则在于"有效控制论"；对刑法来说唯有强调意志才可能做到有效控制，而对其他法律来说却不尽然。既是这样，那我们又有多大的必要一定要将无罪过的实害行为"纳入犯罪的范畴"呢？

　　故此，在刑法领域内应当彻底摒弃严格责任原则！类似的做法

---

　　〔1〕　英美刑法中较多地出现严格责任原则的规定，其根本原因在于刑罚的制裁手段由以自由刑为中心转向大规模地适用财产刑，从而造成犯罪外延的急速膨胀，使刑法同其他部门法的界限变得模糊。这一做法尤为不可取，本书第二章对这一问题将作详细的分析。

　　〔2〕　储槐植：《美国刑法》，北京大学出版社 1987 年版，第 85 页。

　　〔3〕　笔者对"自由意志论"所表达的基本意义是赞同的，但若称为"意志控制论"则要准确得多，也回避了意志是否"自由"的纠缠不清的问题。

只能严格限定在民法及各个行政法的领域内实行。

这里还有必要对一个具体问题进行澄清。我国《刑法》第 236 条第 2 款对奸淫幼女罪作了规定，并设定幼女的年龄界限为"不满 14 岁"。按照学理上通常对该罪犯罪构成要件的解释：行为人不论采取何种手段（包括欺骗、利诱或双方约定），只要客观上与幼女发生性关系即构成犯罪；至于行为人主观上是否明知幼女不满 14 岁，不影响犯罪的成立。一些学者进一步从基本理论和原则方面论证该罪为严格责任原则在我国刑法中的一个表现。[1]但另一些反对严格责任原则的学者又从主客观相统一的原则出发，认为构成该罪应以行为人明知女方不满 14 岁为主观要件，不"明知"则不为罪。[2]

如果说上述两种针锋相对的意见分别是以对严格责任原则的肯定或否定为论据进行论证的话，那么可以说都没有抓住问题的要害。刑法关于奸淫幼女罪的规定与对严格责任原则的评价及适用问题是风马牛不相及的两码事情。"不满 14 岁幼女"的规定只是法律所作的一种未达该年龄即无行为能力的假设，它是为了维护刑法一体遵行的效力基于大体情况而并非基于全部真实情况作出的"一刀切"规定，以切实保护绝大多数幼女的身心健康。而真实的情况却是十二三岁的幼女可能具有完全行为能力而已满 14 岁的少女只具有很弱或尚不具有行为能力，但这两种真实情况对奸淫幼女罪的成立均无影响（后一种情况下法律爱莫能助，除非是无行为能力的精

---

〔1〕 参见刘生荣："论刑法中的严格责任"，载《法学研究》1991 年第 1 期。
〔2〕 参见陈兴良："主观恶性论"，载《中国社会科学》1992 年第 2 期。

神病人）。刑法所关心的只是大局的合理性和自身执行过程中的严肃性，并不要求对个案中是否属于"幼女"（是否有行为能力）作出司法鉴定或合理认定。

对奸淫幼女罪的主观要件在学理上可以视为是一种一般故意，即有奸淫的不正当行为就有行为的故意——过失和意外事件是不可能完成奸淫行为的。对这种情况一些英美法系的学者解释为："一个打算进行非法性关系的人有犯意，因为他是有目的地从事一个不正当的行为。……即使不正当的行为未受到惩罚，它也可能足以提供一般犯意。"〔1〕这种根据一般犯意而定罪的做法显然同实行严格责任原则完全不考虑罪过是有本质区别的。

实际上刑法关于幼女的年龄规定纯粹是从幼女身心发育角度所作的一种无行为能力的拟制，它完全不涉及对犯罪的主观要件方面是否要求行为人需具有针对"不满14岁"的特殊故意问题。不管具体案件中"幼女"是如何乔装打扮冒充少女哄骗男子同其发生性关系，在法律上都只能视其为是不能进行承诺即无行为能力的幼女（即使进行承诺也全无法律上的肯定意义），都丝毫不能改变"受骗"男子奸淫行为的犯罪性质（量刑上酌情从宽处罚是另一回事）。如此定性无论是从对幼女的特殊保护方面还是对实施奸淫行为的男子实行严格要求方面（从事不正当行为应当特别谨慎）都应该说是无可非议的。个案中作合理认定的口子一开将是后患无穷的，

---

〔1〕 参见［美］胡萨克：《刑法哲学》，谢望原等译，中国人民公安大学出版社1994年版，第76页。

这同《刑法》第 17 条关于刑事责任年龄的规定的意义是完全相同的。

类似的情况还有若干。我国现行刑法中有十余个条款均涉及对未成年的被害人的年龄规定，如拐卖（妇女）儿童罪、猥亵儿童罪、偷盗婴幼儿的犯罪、拐骗儿童罪、嫖宿幼女罪、教唆不满 18 岁的人犯罪、向不满 18 岁的人传播淫秽物品的犯罪等等。这些犯罪在主观要件上均不要求犯罪人对被害人年龄须是"明知"，不明知不能成为免责理由，在个案中都只是根据被害人的实际年龄来确定行为的具体性质。这些规定与严格责任原则也都没有任何联系。

33. 本章小结

犯罪具有三性：社会危害性、应受刑罚处罚性和刑事违法性。本章中我们分若干专题对其首要一性——社会危害性的来龙去脉作了详尽的分析。我们所要力图证明的是：社会危害性并非人类行为中天然固有的属性，它只是人们基于自己的利益和感受对行为作出的负价值的评价，而法律上的评价主体只能是一定社区内占主导地位的社会主文化群。在民主社会中对社会危害性的评价和认定始终只能是以社会大多数人的意志（上升为国家意志）为转移。"民俗就是评判行为方式正当与否的标准。"[1]而这一标准本身就具有规范的属性——大多数都这样做，那么其他人也应该这样做。这就从根本上解决了法律规范在基本方面和实质内容上的确定问题。

---

[1] ［美］霍贝尔：《初民的法律——法的动态比较研究》，周勇译，中国社会科学出版社 1993 年版，第 15 页。

基于人类得以表现自身并赖以存在发展的精神本质及维持精神和谐的至关重要性，同时也基于刑法制裁手段本身的严酷性和刑法惩罚改造犯罪的直接目的，刑法领域内对社会危害性的评价应严格限定在犯罪人的邪恶意志上；罪过是社会危害性得以成立的充分必要条件，犯罪只能界定为有故意或过失的罪过的行为。至于整个法律领域内对社会危害性应如何表述，这其实只是一个怎样选择语词以求取共识而不应在实质上产生分歧的问题。明确了上述论点并由此形成一些新的刑法观念，我们就可以在本书的后续部分对刑法领域内涉及的一系列基本理论问题展开分析。

须说明的是，在上述一章中我们对社会危害性的确认标准建立了两个系统。一个系统为程序上的标准，即在民主制度下对社会危害性的确认应按照"少数服从多数"的程序原则进行，而之所以必须"服从"的终极理由则取决于"弱肉强食"的生物学规律。正因为这种违背人类精神本质的非理性以及确认过程的随机混乱性，我们提出了另一个系统即实体上的标准——以支配造成或能够造成实害的邪恶意志为社会危害性的确认标准。

虽然我们建立了上述两个标准系统但仍然不能完全解决确认问题，诸如对同性恋一类的行为是否具有社会危害性的确认不仅在实体标准上令我们摇摆不定，而且在程序上也往往迫使理智的人们放弃选择；尽管求取简单多数不失为一个十分可行并且绝对有效的方法——程序标准最终总是优于实体标准，但良心和理性始终会使我们坐立不安。人们面对自身存在的许多问题在自身存在的有限阶段内是根本不可能给出答案的。在刑法的控制和惩罚领域内这最终不得不求助于人类相互理解和彼此尊重的宽容精神，人类社会将在这种宽容相应带来增量程度的混乱和无序中走向未来。

　　或许本章的一些内容已经扯得太远，它对人类自身的分析有太多的强调。但正如西塞罗所说："只有当我们解释了主要的和普遍的道德原则后，才能发现法与权利的真正基础。而要探究道德正义的性质，必然要论及人性。"[1]对人类来说，不知道自己从何而来、自己为什么得以存在（作为"人"），就不会知道自己该走向何方、自己的最终目标该是什么；人类群体为什么会产生法律，法律最终究竟要维持一种什么秩序？面对安乐死、[2]同性恋、"淫秽"物品、子宫出租、克隆人等一类扑朔迷离的现象，如果我们不能追根溯源去探究人类的本性及由本性所制约的长远追求目标，不管是立法者还是司法者，都始终只会是迷迷糊糊而对未然失去选择方向！

――――――――――

　　〔1〕　转引自张乃根：《西方法哲学史纲》，中国政法大学出版社 1993 年版，第58~59 页。

　　〔2〕　拙著《刑法的哲学与伦理学》一书出版后，一些学人同我谈道：你书中多次提到"安乐死"，但说了许多却未见你自己的结论――"安乐死"究竟有无社会危害性，立法上应如何规定？对这一问题，如果能真正理解事实-价值二元论的方法及民主政治的机理，其实我个人持什么态度并无什么意义。这始终只是一个由社区大多数人根据自己的利益和感受作出选择的问题。当然，我也无须隐讳自己的观点：本人对"安乐死"的合法化持坚决反对的态度。这并非一个简单的于患者、家属、社会均有利、节约财力、精力的现象性问题，而是一个人类如何对待自己生命的深层次伦理学问题；"安乐死"的合法化势必将人们导向麻木、冷酷甚至残忍。立法面对这个问题宁可回避也千万不应急于表态！西方国家的议员们（其中不乏资深的政治家）对此所持的慎重态度值得我们深思；政治家们应有驾驭民众价值方向的超凡能力而不是简单地一味顺从。

第二章
关于应受刑罚处罚性

为简化提法，本书下面的叙述都将应受刑罚处罚性简称为"应罚性"。

第一节　对犯罪本质的思考

34. 犯罪本质问题的提出

将应罚性列为犯罪概念第二位的属性，这种排列本身就足以引起非议。传统观点认为应罚性是社会危害性和刑事违法性相结合（构成犯罪）而产生的法律后果，是第三位的属性，而这里却作了颠倒。笔者之所以作这种排列，既非出于写作技巧的考虑，更非逻辑上的混乱，而是还事物以本来面目。将颠倒了的东西再颠倒过来，将不得不引起我们对传统刑法犯罪观的重新审视。

从前面的分析可以看出，社会危害性是犯罪所具有的一种社会属性，这种属性是犯罪得以被识别的前提；换言之，没有对社会危害性的感知和认识，也就不会产生世俗生活意义乃至法律意义上的犯罪。于是我们似乎可以得出结论：社会危害性是犯罪的本质属性。

这一结论与刑法界长期以来带倾向性的看法是一致的。但问题在于：将社会危害性认为是犯罪的本质属性，是否就抓住了犯罪本质的全部规定性，是否就可以根据这一本质特征而去准确地认定犯罪并区别于其他违法或危害行为。至少在哲学对本质的认识过程中会产生这种方法论上的要求，否则对本质的论证也就失去了意义。但既往的经验告诉我们，犯罪是具有社会危害性的行为——这只是一个妇孺皆知的常识；对立法和司法界定犯罪来说，认识到这一特征几乎是没有任何价值的——人类的许多行为都被认为是有社会危害性的。显然，我们在深入到犯罪本质问题时又遇到了麻烦。

35. 寻找认识"质差"的突破口

在论证问题前，我们不得不对"质"和"本质"的术语作一些说明。在哲学中，质和本质分别属于不同的范畴；质相对于量而为一对范畴，本质相对于现象而为另一对范畴。在范畴论中质和本质的术语是区别使用的，而在范畴论以外的其他哲学领域及各个科学领域，都普遍存在将二者互为替代使用的现象。对此哲学界和法学界都有同志提出异议，认为二者不能混用。[1]笔者对此作过小心

----

〔1〕 参见全国二十五所商学院校《哲学原理研究》编写组：《哲学原理研究》，福建人民出版社 1984 年版，第 141~144 页；高铭暄、王作富主编：《新中国刑法的理论与实践》，河北人民出版社 1988 年版，第 151 页。

地求证，但仍无法找出二者实质性的差别来。依本人之管见，两者不过是从不同角度去认识同一客体，侧重点各异而实质意义相同；两者各自的对应体（量与现象）也有着某种同一的意义，量不可能离开现象而存在，它不过是现象（真相）的一个综合指标。量和现象是事物内在的质的规定性外化的不同交错面，对量值的测定不可能在现象之外进行，而"质"本身却完全无助于我们认识这一点。此外，"量与质""现象与本质"的语词对仗似乎是为了体现一种语词学上的规范意义；我们姑且将此作为一种假设提出而不再去过多地考证。本书将出于不同语言场合的考虑而在不同术语表达同一概念的意义上对"质"和"本质"进行使用。说明了这一点，我们就可以在哲学术语上避免误解（当然，分歧仍是难免的）。

按照哲学上区分事物认识本质的方法，一事物总是在同它事物的比较中才得以显现的，比较中发现事物之间具有"质差"（本质的差别）才能将两种事物区别开来。这种比较的方法为我们认识犯罪的本质提供了一条简单有效的途径。与犯罪行为最有比较意义的参照物是一般违法行为，两者在自然形态上存在一种最为接近的过渡关系。那么，两者作为不同的事物其质差是什么呢？传统的较为一致的法学理论认为：一般违法行为与犯罪都共同具有社会危害性的本质属性；当社会危害性的量较轻微时，为一般违法行为，而一旦社会危害性的量达到严重程度，即突破了一般违法行为的度的关节点，则构成了犯罪。这种观点本身是难以非议的，它既符合危害行为自身的发展规律，也与哲学上"度"的原理相一致。但问题在于：社会危害性严重与否，其本身的意义仅仅在于一种程度上的量差而不是质差；量的积累超过了度的关节点，便生成了新质；新质是以社会危害性的严重的量为存在依据、为表现形式，但绝不是这种严重的量本身。那么，从一般违法行为过渡到犯罪所生成的新质究竟是什么呢？这是一个非常棘手的问题，传统的法学理论在这个问题上始终未能作出使人信服的回答。

首先，就一般违法行为和犯罪的名称来看，它们都不过是人为地命名；人们既可以这样称呼它们，也可以那样称呼它们。名称的确定完全在于约定俗成，其本身毫无区分本质的意义，这是常识。

其次，就一般违法性和刑事违法性的法律特征来看，也不具有区分本质的实质意义。法律规范之所以不同，其前提恰恰在于有性质不同的危害行为存在；不同的法律只是针对不同质的行为而在形式上去加以确认，以给人们提供明确的认识方向和行为准则。封建时代的法律是"民刑不分、诸法合体"，其并无形式上部门法的分立，也就没有一般违法和刑事违法之区别；而那个时代具有不同本质的一般侵权行为和犯罪行为仍然是存在的，其实质意义上较完整的不同法律规范也是可以分辨的（以今天的法律意识去衡量），但我们却无法从违法性的特征上将一般违法行为同犯罪区分开来。可见，行为违反何种法律并不是行为自身的本质。

再次，就两类行为应受何种处罚的制裁手段来看，一般违法行为应受民事制裁、经济制裁或行政制裁，而犯罪则应受刑罚制裁。这是两类行为实质性的不同之处。但这一点能否视为质差呢？传统理论认为：应受何种处罚，只是违法行为（包括犯罪）必然派生的法律后果。按此推论，应受何种处罚并非两类行为自身内在的质差，而只是立法者从外部对不同质的违法行为所强加的不同制裁手段；它只是属于一种结果的现象——制裁规范，而不是属于原因的现象——制裁对象，而这里所讨论的正是制裁对象本身。

最后，就两类行为的构成形式来看，它更不可能为我们认识质差提供帮助。行为的构成形式（犯罪中称犯罪构成）研究侧重的是对行为在法律上的规范模式结构的分解，而分解后的孤立要件离整体意义上的质更是相差太远；并且犯罪构成中的诸要件在一般违法行为的构成形式中都可能出现，如果有差别也不过还是个量的问题。

除上述方面外，我们还能找到什么因素去分析质差呢？问题研究到此，似乎已是走投无路。于是有些学者又被迫回到问题的始点，干脆将两类行为的量差表述为质差，认为犯罪的本质就是严重的社会危害性，一般违法行为的本质就是轻微的社会危害性。这种将不同的量直接等同于不同的质的论点显然是十分错误的。

问题的困惑甚至迫使一些人试图对"质差问题"本身提出质疑：是否一般违法行为同犯罪之间根本就不存在所谓的质差而只有程度上的量差？但如果这样认识问题，其对立法、司法和守法以及学术研究所带来的混乱是可以想象的；而不管我们是否承认或能否真正认识这个问题，在人们的观念中两类行为之间都是有着截然不同的本质区别的。看来我们还得去寻找一种有说服力的质差理论。

从上面的论述中可以看出，在实质意义上（不一定是本质意义），一般违法行为与犯罪有两点不同：一是社会危害性的程度不同，即具有量差，二是应受到的处罚（制裁手段）不同。这两点恰恰就为我们认识质差提供了最充分的条件。前一点是考察问题的必要前提，没有不同的量也就不会有不同的质；而后一点则是我们认识质差唯一可以找到的突破口。

危害行为应受何种处罚，是国家出于对社会关系的调整、对人们行为进行控制的功利需要而凭借法律形式对行为作出的一种评价。从"应受"的确切含义来看（应当承受），它只是对行为作出评价而并非事实上进行制裁。其实，事实上的制裁也不可能对已然的行为进行——行为一旦完成其本身就会立即烟消云散，根本谈不上受制裁的问题；制裁只能是落在对行为的发出者——现实的人的既得利益的剥夺上。

既然"应受何种处罚"是对行为本身的评价，那么这又带来一些新的问题：国家为什么要以"应受何种处罚"的标准去评价危害行为？这是必需的选择，还是运作的舛误；是真谛的揭示，还是表述的偏颇？既是"评价"，评价对象（危害行为）获得了什么，评价主体又进一步认识了什么？我们在对犯罪本质的认识上如果不能回答这些问题，仅仅停留在犯罪行为的孤立现象上就事论事，是永远也不会走出循环论证的"怪圈"的（从社会危害性出发又回到社会危害性上来），刑法学基本理论的研究只能是陷在困谷中难以自拔。

要回答上述问题，就必须将犯罪现象置于特定法律秩序下广阔的社会生活场景中去考察，从不同社会危害性程度的危害行为与应受何种处罚的评价标准的关系的分析中，去揭示犯罪同一般违法行为的质差，去认识犯罪自身的本质。

36. 质差在于应受的处罚不同

在社会生活中，人们每天都实施着千千万万不同种类的行为。对这些行为，首先按形式逻辑最简单的二分法，以对社会秩序是否有害的标准（社会主文化群的价值标准），可分为危害行为和非危害行为两大类。对所有的危害行为我们将其置于质与量的范畴内看，在质上它们都共同具有社会危害性，都对社会秩序产生消极的破坏作用，形成人与人之间与国家意志不和谐的多种社会关系；从骂人、随地吐痰、乱穿马路，到小偷小摸、大偷大摸，以至抢劫、杀人、强奸、放火，甚至持械聚众叛乱、阴谋颠覆政府。在这里，各种行为社会危害性的质总是恒定不变的，而在量上却是相互绞缠、环环紧扣、不断递进的，由最轻微到最极端形成一根发展链条。正如恩格斯所说："每一种质都是无限多的量的等级。"[1]而这里的"量的等级"，每一级又可以视为无限微分的过程。如果以几何线条来形象地表示，社会危害性的量的等级并不是明显呈现为由起点（无社会危害性）一级一级向上直至顶点（统治秩序被推

---

[1] [德]恩格斯："自然辩证法"，载《马克思恩格斯选集》（第3卷），人民出版社1972年版，第552页。

翻）的阶梯曲线，而是呈现为一条由起点向前方顶点递增的在"等级"上无限微分的近似斜线。在社会危害性的这条斜线上，量的不断递增表现为一个循序渐进的过程，它在客观上是没有任何关节点的。当危害行为的社会危害程度达到最极端（顶点）时，量的积累突破了度的关节点，危害行为本身就发生根本的质变；政权被推翻后，诸多行为的社会意义都将在新的统治秩序下重新得到评价。这是危害行为这个客观事物本身所固有的、不以任何人意志为转移的质量互变规律。

由于危害行为的社会危害性总是相对于"社会"而言的，因而作为一定社会秩序的维护者——国家来说，是绝对不能容忍其存在的。尽管任何社会形态的国家都不可能消灭危害行为，但它还是要去竭尽全力地消灭。"历史表明，凡是在人类建立了政治或社会组织单位的地方，他们都曾力图防止不可控制的混乱现象，也曾试图确立某种适于生存的秩序形式。这种要求确立社会生活有序模式的倾向，绝不是人类所作的一种任意专断或'违背自然'的努力。"[1]不管国家是怎样建立起来的，也不管一个国家在本质上是专制的还是民主的，国家的领导者们出于维持统治秩序的功利需要，对任何危害行为都不会放任自流。

国家面对无数社会危害性本质相同而程度不一、已经发生或将会发生的危害行为，总是采取一切可行的手段加以调整和控制，力

---

〔1〕［美］博登海默：《法理学——法哲学及其方法》，邓正来、姬敬武译，华夏出版社 1987 年版，第 207 页。

图将它们扭入既定的轨道中来。这些手段包括舆论谴责、纪律束缚、经济处罚、行政处分、政治控制、法律制裁乃至军事镇压等多个方面。在现代法治社会中，从控制手段的大层次看，无非就是舆论谴责和法律制裁两种基本手段。现代社会中法律几乎渗透到社会生活的所有领域，各种非舆论的控制手段都已经或应当法律化（对舆论本身的法律调整另当别论），而军事镇压仅仅是在极特殊情况下才予以使用的后备手段（且也受宪法的宏观制约）。

控制行为的手段总是针对行为本身的。尽管已然的危害行为已成为过去的事实无法再加以控制，但对已然行为之主体以及社会生活中之所有主体可能再实施的未然危害行为在总体上却是可以控制的。控制手段之使用的基本着眼点在于防患于未然，控制手段之实现又在于对行为人采取措施，而控制手段之立足点（采取何种措施以及如何采取）则在已然的危害行为。在这里，控制手段首先并不是作为一种事实上的措施加之于行为人，而是作为一种对已然危害行为的评价标准得以存在。危害行为本身应当受到何种处罚就成为行为人事实上受到何种处罚的基本依据。

就舆论谴责和法律制裁手段而言，两者在都是国家对危害行为作出的否定性评价这一点上是相同的。在相同点上又进一步派生出不同点：舆论谴责是以国家主体文化群的道义、情感为基础的否定性评价，而法律制裁则是以国家的政权强制力为后盾的否定性评价。由于两者在实现方式和实现内容上截然不同，决定了两者适用的对象也有所不同；其基本的意义在于不同烈度的控制手段应当与不同烈度的危害行为大体相适应。

立法者以舆论谴责手段和法律制裁手段为标准，首先将所有同质的危害行为从量上分为不道德行为（轻微危害行为）和违法行为（较严重的危害行为）两大类。在这里，两类危害行为实质性的划分标准在于控制手段的不同，而形式上的划分标准则直观地表现为是否受法律规范之调整；凡是未列入法律规范的危害行为则只能视为是不道德行为。

法与道德之间具有实质意义的唯一差别就在于各自所蕴含的后果不同：不合道德所招来的只是舆论的谴责，而不合法所承受的却是利益方面的被剥夺；除此之外的差异都只具有形式或程度的意义。过去的知识告诉我们——法是统治者强加的命令，道德是百姓们自立自受的信条；但民主政治的理论却带给我们不同的观念——国家不过是芸芸众生的组合，法和道德在终极意义上同样都是善良百姓伦理价值的体现。当公众的舆论都不足以压抑恶时，法便应运而生；法在一定意义上不过是规范化的制恶措施。

就法律制裁手段而言，它又分为民事制裁、行政制裁和刑事制裁三种类型。前两种类型基本上是就不同手段制裁的不同危害行为所涉及的不同社会领域而划分的，两种手段之间存在一种横向的并列关系，并且在制裁的具体措施上有所交叉，如罚款的措施在两种手段中都有使用；而刑事制裁手段与前两种手段之间则存在着一种纵向的层次递进关系，凡是前两种手段所不足以制裁的违法行为，就统统划归刑事手段予以制裁。如果说宪法是诸法之首，那么刑法就是诸法之后盾；刑法是保证诸法（包括宪法）得以实现的铁的手腕。我们以纵向的两个不同层次的法律制裁手段去衡量，又可将不同危害量的违法行为划分为一般违法行为和犯罪两类。

上述划分的结果，使社会生活中所有的危害行为一分为三，出现了不道德行为、一般违法行为和犯罪（行为）三种类型。虽然一般违法行为和犯罪是在违法行为大类下的再划分，但由于它们在社会危害性的量上与不道德行为基本上存在一种层次递进关系，故可视为一分为三。在这里，三者的划分标准并不在于社会危害性的不同的量，而在于控制手段的不同。我们前面已经证明了从最轻微到最极端的社会危害性的度的范围内量本身是没有任何关节点的，客观的不同量的危害行为只是被划分的对象而不可能成为划分的标准。

国家的立法者正是以不同严厉程度、不同层次的控制手段为标准，才可能将不同量的危害行为截然区别开来。这样，以采取什么样的控制手段才更及时、更经济、更有效去考虑，就在社会危害性的量的渐进斜线上截出两个相对确定的关节点，从而把客观存在的渐进斜线主观能动地创构为明显具有三个级差的阶梯线，人为地将同质（社会危害性）不同量的危害行为一分为三。

既然划分不同量的危害行为的评价标准在于不同的控制手段，那么作为评价标准的控制手段必然会渗透进所划分出的新的行为类型中去，与新类型的行为融为一体，成为其得以存在的核心依据；没有不同的控制手段，也就不会有不同层次类型的危害行为，存在的只是在社会危害性的量上有所差别或在具体社会领域形态上（如工商、税务、财政、婚姻、军事等领域）有所不同的危害行为。

不同的控制手段渗透进不同量的危害行为，使不同量的危害行为随不同的手段获得了新的意义。舆论谴责手段与社会危害性轻微的量的统一，为不道德行为；民事、经济、行政等一般法律制裁手段与社会危害性较严重的量的统一，为一般违法行为（这里对形式上的"违法"特征暂且不论）；刑罚制裁手段与社会危害性严重的量的统一，为犯罪（行为）。在这里，三者之间所谓的"质差"已在社会危害性的共同本质上升华了一个层次，在一个新的高层次内质差仅仅在于控制（制裁）手段的不同。就一般违法行为与犯罪相比较而言，前者的本质在于应受一般法律手段的处罚（制裁），后者的本质在于应受刑罚的处罚。除此之外，我们不可能在两者之间再找到任何本质的差别。

结论出来了，但问题完全解决了吗？其实在理论上还有诸多的麻烦。对刑法学以及哲学稍有研究的同志都是不会信服这个结论的。问题还是上一小节的老问题：应受何种处罚，它属于一种制裁规范而不是制裁对象本身；我们这里讨论的是制裁对象——犯罪的本质，似乎就不应离开对象本身而在对象身外之物中去寻找本质。

37. 在"热水"定性上的启迪

本书从第二章起已基本上回到刑法的领域进行阐述，对所涉及的哲学问题我们不打算再作过多的讨论，对上述问题我们不妨以一个人们都容易作出判断的例子来进行佐证。生活中我们每天都要同冷水、温水和热水打交道，可很少有人想到这里面隐含着一个非常复杂的哲学怪题。首先我们提出一个问题：冷水、温水和热水是不是三种不同的事物？人们对此自然会不约而同对之作出肯定的回答。既然是三种不同的事物，那么它们的"质差"是什么呢？三者就其客观的属性来看，没有任何质差；在化学性质上都是 H_2O，在物理性质上都是液态。客观上三种事物唯一的差别仅仅在于温度量的不同（造成水分子结构的扩张程度不同），而这一点只是一种量差而不是质差。既然客观上找不到质差，那么我们以什么标准能将三者区别开来呢？

这里不得不引入水温的身外之物——认识主体对水温的不同感受和需要作为划分的标准，以此确定出一定的温度值为关节点，从而将客观上只有量差的水人为主观地界定成具有质差的三种水。这里所谓的质差，就在于认识主体的不同需要；而三者各自具体的本质，就在于适合主体之需要的特定内容。感受来自于水温对主体的刺激，而需要则是主体在感受基础上对水温如何加以利用的功利考虑。由于感受和需要的变量太多，都是因人因事因时因地而异的，所以界定出的三者之间的关节点也是变化多端的，相应的同一类水的本质也是多种多样的。就人们洗脸、洗澡和洗碗的需要而言，热水的本质及上下限的关节点就各不相同。泛泛意义上洗澡热水的本质可以规定为"适合于人们洗澡的温度的水"；而对同样的洗澡需要，人们却可能基于不同的季节、不同的洗澡条件、不同的体质而提出热水上下限关节点的不同值，故具体的洗澡热水的本质就只能规定为"适合于某人洗澡的温度的水"。在人为规定的本质上就可以人为地给出不同类的水各自度的上下限关节点，而冷水的下限关节点则同客观的冰与水的关节点相吻合。这同不道德行为的下限关节点与非危害行为和危害行为之间客观的关节点相吻合的道理是一致的。这也许是人类同其所依存的自然环境和社会环境之间所具有的特殊的质量互变规律；客观的质与量可以互变，主观的质与客观的量更是可以随人们的意愿而互变。人们在利用和改造自然及社会的过程中，必然会对它们的千姿百态作出种种适合于自己需要的规定。上述例证如果不能被推翻，那么我们前面的论证就应当说是成立的。

38. 治安违法行为——中介状态的两可性

我们还是回到法学领域中来。对不同国家的立法来说，对危害行为划分的大类大致都是前述三种，只是在对各大类之间关节点的上浮下沉的定位上是不同的，从而造成不同国家在同类危害行为的外延上出现较大的差别（这里不涉及行为在具体领域间具体形态上的差别）。而之所以出现较大的差别，除了不同的利益需要、历史习惯、法律观念、法制水平等宏观因素外，只能具体归结为各自基于自己认为有效的控制手段去界定。

在我国，违法行为从程度（量）上似乎只能分为一般违法行为与犯罪两大类，但我们细想一下，不难找到二者之间带普遍意义的中介状态——治安违法行为。虽然其并不是完整地衔接于犯罪与其他违法行为之间，但至少相当部分的违法行为都存在这种中介状态，如故意毁坏他人财物的治安违法行为就衔接于民事侵权行为和故意毁坏公私财物罪之间。其之所以能以"中介"形式存在，归根于立法者基于我们的国情考虑而认为以行政手段对其加以制裁是最有效的。取消这种中介状态将之纳入犯罪的范畴也不是绝对不可，一些西方国家在刑法中规定的"违警罪"就正是这种意义。他们将刑罚制裁手段的下限端设定得十分缓和（短期拘留或小额罚金），与之相适应也就出现了所谓的"违警罪"。但这种做法显然不符合我国当前的国情，它在制裁过程中（主要是程序上）会增加许多的麻烦和困难，并且在一定程度上会减弱刑罚惩罚犯罪所能产生的社会威慑效应。由此也可看出，在危害行为中客观上是不存在犯罪界限的，界限的确定全在于立法者人为的规定。

随着我国法制水平的不断提高，随着国家对犯罪进行控制的效果逐步好转，立法者在将来条件成熟时，应考虑将《治安管理条例》中的行政拘留措施取消，把凡是应受剥夺自由的处罚的危害行为统统划归刑法规定为犯罪，使治安行政处罚成为名副其实的行政制裁。在现代的法治国家中，警察机关不应在实体法上掌握剥夺公民人身自由的权力。自由是可贵的，哪怕是合法地剥夺一天，也应当有严格的批准程序来制约。

39. 犯罪是具有多重本质的事物

前面我们对犯罪与一般违法行为的"质差"问题作了较详细的分析，提出犯罪的本质在于应受刑罚的处罚。问题分析到此，是否就彻底解决了犯罪的本质问题了呢？其实不然！

生活中人们往往有一种错误的观念，即认为一事物的本质只能有一个，要么是甲、要么是乙、要么是丙，不可能几者同时成立；如果对某一现象能够分析出几重不同的本质来，那么该现象就应当是由几种事物所组成的。这种观念事实上长期影响着刑法学对犯罪本质问题的研究，一些学者总认为只有自己才抓住了犯罪的唯一本质，而其他人抓住的仅仅是些皮毛。

其实，事物的本质并不是唯一的。正如列宁所说："人的思想由现象到本质，由所谓初级的本质到二级的本质，这样不断地加深下去，以至于无穷。"[1]任何事物可以说都具有无限多的本质，这不过是一个在不同层次、与多种不同事物相比较的问题。恩格斯在《自然辩证法》一书中也指出："存在的不是质，而只是具有质并且具有无限多的质的物体。两种不同的物体总有某些质（至少在物体性这个属性上）是它们所共有的，一些质是在程度上不同的，还有一些质可能是这两种物体之一所完全没有的。"[2]恩格斯在这里虽然只是针对自然界的事物（物体）进行阐述，但人类社会毕竟是自然

---

〔1〕《列宁全集》（第38卷），人民出版社1986年版，第278页。

〔2〕《马克思恩格斯选集》（第3卷），人民出版社1972年版，第553页。

界的一部分，在基本原理上两者是相通的。我们循此思路可以揭示犯罪的多重本质。

首先，就犯罪同其他各种危害行为相比较，犯罪的本质在于应受刑罚的处罚，后者并不具备；而两者在社会危害性的质上只是"程度上不同"；两者在"人的行为"这一质上却是"共有的"、完全相同的。

其次，就犯罪同非危害行为相比较，犯罪的本质就在于具有社会危害性。如果我们只需要对这两者进行比较研究，那么停留在这一层次上认识犯罪本质就足矣，无须再对犯罪深一层次的本质进行发掘。

再次，就犯罪同造成相似危害的自然力（如地震、狂风等）相比较，犯罪的本质又在于是人的可控制的行为，而后者的本质在于是不可抗的自然危害力。

最后，犯罪事实上是可以同任何事物相比较的；可比较的事物是无限的，所以犯罪也"具有无限多的质"。同感情相比较，前者是客观事物，后者是主观事物；同矿物相比较，前者是社会事物，后者是自然事物；同认识论相比较，前者是具体事物，后者是抽象事物；……比较的结果，两者除了具有不同的本质外，犯罪至少在范畴的极限意义上同其他任何事物一样都具有"事物"的共同本质。这也就是恩格斯所指的"两种不同的物体总有某些质（至少在物体性这个属性上）是它们所共有的"。由此可见，犯罪的本质相对于不同的参照物、在不同层次的范围内具有完全不同的意义。[1]

人们常常提到对人的本质的不同表述：物理学家说"人是熵的减少者"，化学家说"人是碳原子的减少者"，生物学家说"人是动物中的最灵者"，心理学家说"人是复杂而非凡的大脑拥有者"，马克思说"人是社会关系的总和"，而本书前文却称"人是精神的唯一拥有者（人的本质是精神）"。这些稀奇古怪的种种表述绝非戏言或幽默，而实实在在是人们从不同角度对同一事物认识到的不同本质。

犯罪的本质是无限多的，而对现实生活中的人们来说，是根本不需要也不可能去把握全部如万花筒般变幻的本质。人们对犯罪本质的认识只能限定在自己所需要的有意义的范围内。在刑法学的领域内，犯罪所具有的"事物""行为"这一类低层次的本质在当代已不再有讨论意义，它们只是作为常识性的共许前提而存在。就立法、司法和公民的守法来说，对犯罪本质的认识应限定在"社会危害性"和"应受刑罚处罚性"两个高层次的范围内。

提出社会危害性的本质，可以将犯罪与各种非危害行为相区别，以给公民提供清楚明确的是非标准——犯罪是具有社会危害性的行为；提出应受刑罚处罚性的本质，可以将犯罪与一般违法行为相分离，以给立法和司法提供具体有效的定罪准则——犯罪是应受

---

[1] 甚至连刑事违法性这一形式上的特征都可以成为犯罪的本质，其比较的参照物为法无明文规定而又严重危害社会的行为；在排斥类推定罪的前提下，只有从刑事违法性这一点上能将两者区别开来。这也正是罪刑法定原则"无法无罪"的含义所在。

刑罚处罚的行为。就对人民群众接受普法宣传的效果的较低层次而论，我们只需强调社会危害性是犯罪的本质即可，告诫人们不应实施刑法所禁止的危害社会的犯罪行为；就对立法和司法基于功利考虑实行有效的社会控制的最高层次而论，应当强调应受刑罚处罚性为犯罪的本质，以严格掌握犯罪与一般违法的界限，尽量缩小作为犯罪的打击面。在这个最高层次的范围内，社会危害性已退居次要的地位而只是作为一种渐进递增的量的现象存在。

40. 所谓生产力标准与法律标准的冲突

现时需注意的一个问题是：在当今中国经济体制和政治体制改革的社会大变革中，主观上人们的观念不同程度地发生多方位转移，客观上一些行为的性质也发生深刻的变化，相应导致人们对一些行为性质的评价产生重大的分歧。像正当行为与犯罪行为的区别这种跨了两个中介层次（不道德行为和一般违法行为）的问题，过去在刑法界并不成为讨论热点，而今也时常争议不休。[1]本来这类案件的是非界限应该是清楚明确的，否则人们还怎样去生活、去工作、去进行创造性的劳动呢？而如今这个界限就连法官和法学家们也摸不着了！

两案的讨论中反映出一种倾向，即认为社会危害性是犯罪的唯

---

〔1〕《法学》刊物组织的关于"刘亨年案"和"戴振祥案"罪与非罪的讨论，就属这种情况。参见《法学》1987 年第 7、8、9、10、11 期（刘亨年案）；《法学》1988 年第 9、10、11、12 期，1989 年第 2、3 期（戴振祥案）。

一本质，似乎一旦承认行为具有社会危害性即等于犯罪；并且刘、戴二人的营利额都在百万元以上，要么是大大的功臣，要么是猖狂的罪犯，分歧的双方都在刘、戴二人的行为是否具有社会危害性上大做文章。由于我国目前正处于改革时期，暂时的混乱是难以避免的；经济秩序的无序度必然带来认识的欠尺度。但尽管这样，也并不能否认犯罪的多层次本质问题。迫于目前一些政策、法律不明确甚至是不合理的局面，我们首先只得停留在较低的层次来讨论行为是否具有社会危害性本质的问题；即使能够得出肯定的结论，也并不等于行为就构成犯罪，这最终还得进入高一级的层次来讨论行为是否具有应受刑罚处罚性的本质的问题。

在对行为双层次本质的认定上，现实存在一个生产力标准同法律标准局部冲突的问题。当二者发生冲突时谁为根本、谁服从谁呢？从理论层次及最终意义上看，当然生产力标准更为根本——法律标准只能以是否促进生产力发展而形成；从实用层次及操作程序上看，冲突直接发生在此范围，这时既要保护生产力的发展，也应维护法律的权威（这也是长远利益所在），故应对冲突的两个标准都有所兼顾。具体说来，当出现按生产力标准衡量行为是有利的而按法律标准却又是违法的情况时，应承认行为违反经济或行政管理法规（刑法分则中的空白罪状与此相衔接）就具有了一定的社会危害性，影响了国家通过法律对经济的管理秩序（由于法规本身应具有相对稳定性，不可能随时进行合理性修正），同时又肯定行为对生产力客观的促进作用。这样将行为的社会危害性同行为的社会有利性两相比较，如后者重于前者，即可得出行为不具备应受刑罚处罚性的犯罪本质——不构成犯罪的结论。但即使这样，也并不能排除行为的违法性质，仍可视具体情况给予行政或经济的处罚。在对刘、戴二案的处理上，似乎这样分析更为合理，也使人更能接受一些。总之，不应将社会危害性视为犯罪的唯一本质，也不应在同一层次内既承认社会危害性是犯罪本质又承认应受刑罚处罚性是本质，否则我们的认识将陷入迷津。

第二节　刑罚和犯罪的先后制约关系

41. 刑罚与犯罪谁居于上位

从前面一节的论述中可以引申出一个论点：既然犯罪的本质之一是应受刑罚的处罚，那么就意味着无刑罚的质即无犯罪；没有国家以刑罚制裁手段对危害行为的评价则不会产生法律上的"犯罪"——无刑无罪。这个论点是与传统的刑法观相冲突的。长期以来人们受世俗生活中直观的因果现象影响，在头脑中根深蒂固地刻下一种逻辑次序观念：正是由于先存在着不同形态的犯罪，才由此出现了与之相适应的不同刑罚处罚手段——无罪无刑。

甘雨沛、何鹏二位先生对古今中外的这种刑法观概括道："从刑法的机能来看，犯罪是假设规范，而刑罚是评价规范。所以说是假设规范，也就意味着是前提规范。犯罪是前提，刑罚是作为犯罪的后果而存在，亦即刑罚是犯罪的价值的判定。而且，犯罪是客观事实，是'存在'，评价规范意味着'当为'，无存在，无从论当为。因而，从刑法机能看，犯罪的假设机能对评价机能来说是居于上位的。"[1]

这种"先有犯罪，后有刑罚"的观念，如果从现实生活中活生生的犯罪与血淋淋的刑罚的动态联系上看，无疑是正确的；罪犯之所以被押上刑场饮弹而亡，正是因为其实施了犯罪。但如果我们从法律条文中所谓的犯罪假设规范与刑罚评价规范的静态联系上看，应当说是本末颠倒的。

在国家的立法者面前，呈现的是不同领域、不同形式、不同程度的危害行为，这些行为本身并没有一般违法和犯罪的分野；它们在总体上汇成一股恶流，危及国家的生存。立法者在对犯罪的规范进行创构假设时，其"假设"的根据是什么呢？除了对犯罪行为在不同领域的构成形式加以规定外，其成为"犯罪"而区别于一般违法行为的质又是什么呢？

42. "自然犯"并非自然的是犯罪

在这里，我们首先须对影响我们正确思考的杀人、放火、抢劫、强奸等"自然"形态的犯罪——这些仅凭人们因果报应观中狭隘与自私的一面即可作出准确判断的凶残暴行作一些分析。在西方国家的刑法中，这些犯罪被称为自然犯，以区别于法定犯。"这种

---

〔1〕 甘雨沛、何鹏：《外国刑法学》（上册），北京大学出版社 1984 年版，第268 页。

犯罪行为，人人一望皆知为犯罪、当罚，是比一般违法严重的犯罪行为。由于这种行为的犯罪性在这一行为本身就自然蕴含着，……无须根据刑法法规的规定进行评价，其行为本身自然具有犯罪的性质。"[1]对自然犯，如果仅仅是从行为"自然蕴含"法律上的犯罪性质的意义上去理解，不免失之偏颇。

生活中人们的犯罪观（其实是一种道德上的善恶观）不应当同立法者的犯罪观简单地画等号；就是对自然犯，这个原理也同样适用。人们议论纷纷指责某人犯了罪同以法律名义宣告某人犯了罪显然是有差别的。法虽来自于情、来自于善良百姓们世俗生活的价值观念，但在一定程度上还是超脱于情、超脱于世俗的观念。

对立法者来说，除了对人们的情理、道德及价值观念必须考虑外，更需要的是时时惦记自己手中的控制手段效果如何；如果手段无效或者效果不佳，则往往会超出人们情理上的因果制裁而在法律上另择它途。情理总是趋于因果报应、总是回首既往——向后看的；而立法则是趋于有效控制、总是瞻望未来——向前看的。这也正是一个多世纪以来世界刑法界所争论的"报应论"和"遏制论"（功利论）的冲突所在。

当然，对杀人、放火一类的所谓自然犯，现代任何国家的立法者们都会非常容易地找到相对最有效且与民情大体相适应的刑罚制裁手段，所以"自然犯"也就天经地义、自然而然地上升为法律上

---

〔1〕 甘雨沛、何鹏：《外国刑法学》（上册），北京大学出版社1984年版，第264页。

的犯罪。这种表象的偶合也就把一批法律工作者的思路引入歧途。正如英国刑法学家特纳对自然犯和法定犯的划分所作的尖锐批评："把重点放在罪犯的邪恶上，容易激起群众对罪犯的愤怒情绪，促进偏见的形成；它容易与迷信的恐惧相结合，从而提议实施残酷的刑罚并使这种刑罚合法化。这种观念也导致了两种非科学的、错误的犯罪分类，这两种犯罪被想象为在性质上是根本不同的，其中一个构成了所谓 mala in se（自然罪行），另一个构成了所谓 mala prohibita（法律禁止的行为）。……这种有缺陷的犯罪分类显然形成了一个不健全的前提，……对于争论的逻辑性和清晰性起了腐败的作用。"[1]

其实，从纵向的历史发展过程看，属于自然犯一类的凶残暴行也并不都自然具有犯罪的属性。奴隶制下奴隶主可以任意杀害自己所役使的奴隶（具有同牲口完全等质的意义），而这种行为在当时却并不认为是犯罪；中世纪欧洲的封建领主们野蛮地行使"初夜权"，也并不自然地成为强奸犯。也许加害者和被害者双方阶层都认为这些不过是自然应该发生的事情而并非自然地认为是犯罪。对当时的统治者来说，显然是毫无必要也不应当将这类行为规定为犯罪而施以处罚。可见，所谓的自然犯从立法层面上看也不过是国家立法者出于维护自己管理秩序的功利需要而在法律上所作的一种认可而已（对"自然犯"能否成立的横向比较分析参见本书

---

〔1〕［英］特纳：《肯尼刑法原理》，王国庆等译，华夏出版社 1989 年版，第 31~32 页。

第 4 小节）。[1]

43. "法定犯"的界定依据

在现代的文明社会中，如果说自然犯同一般违法行为的界限"自然"是清清楚楚的，那么法定犯同一般违法行为的界限（关节点）则使我们的视线变得非常模糊，立法者和执法者都可以说是绞尽脑汁也难以把握这一点。这个所谓的关节点，也就是通常所说的情节达到严重的程度。而"严重"事实上又是一个变化无常的社会危害性的一定的量。这个定量是随不同的历史时期、不同的社会形势而发展变化的。国泰民安时则定量就偏高，时局动荡时则定量就偏低。

犯罪（法定犯）同一般违法行为的关节点是难以捉摸的，而对不同违法行为的制裁手段却是相对恒定的。它受一定统治秩序的要求、民族的风俗习惯、社会文明程度等因素的制约而形成，一旦形成便具有相对的惰性（稳定性）。社会发展到了我们今天的时代，刑罚已形成以自由刑为中心的制裁体系，其具体的种类、幅度及适用方法都相对固定了下来。于是，立法者在全局上制定刑法对所有的犯罪进行"假设"时，其对犯罪模式的量的下限（一般违法行为的量的上限）的界定上，就主要是受相对稳定的刑罚手段影响的。"由于立法者所面临的是可能的而非现实的犯罪，他所考虑的

----

[1] 这里对自然犯和法定犯的划分所作的批评并不排斥该划分在一定条件下的成立意义。对特定时期、特定法域的刑事立法来说，这种分类在立法技术上是有指导作用的。

是哪些行为应用刑罚遏制以及应用多重的刑罚来遏制",〔1〕以什么种类、什么程度的危害行为才适合于这种最严厉的制裁手段去衡量,才在社会危害性量的渐进斜线上人为地给定关节点,从而界定出各种犯罪。

这里基本上存在着一种不同程度的制裁手段与不同程度的危害行为的相互参照关系。变化的危害行为在量上本身是无关节点的,而恒定的制裁手段在量上却是有关节点的(刑罚主刑的最低限为拘役15天,与此相衔接则是治安拘留15天。〔2〕管制另当别论)。于是,为了求得两者在量上的对等(罪与刑相适应),行为的关节点就只能是参照手段的关节点而确定。凡是适合给以最低限以上刑罚的制裁的危害行为,则规定为犯罪,反之则规定为一般违法行为。即使时局变化,行为的定量(关节点)偏高或偏低,但始终是围绕恒定的手段关节点而上下波动的,犹如商品的价格随市场供求关系的变化而围绕价值上下波动一样,非特别时期都不可能偏离太远。除制裁手段的参照系以外,行为的社会危害性的量(各种因素的综合指标)本身是不可能自我参照、自我界定的。然而按传统理论还可以说统治秩序的需要、社会形势的状况是一个确定行为关节点的参照系。但这种非常宏观的参照系是很难甚至无法作出精确比较的;一类具体的危害行为、一个实在的侵权案件在这个没有坐标的

---

〔1〕 陈兴良、邱兴隆:"罪刑关系论",载《中国社会科学》1987年第4期。

〔2〕 这是指1979年《刑法》的规定。1997年的《刑法》已将拘役的下限提高为1个月,与治安拘留的上限15日形成一段空档。这属立法的一处失误。

巨大场景中是难以定位的。更何况这些宏观因素本身就是社会危害性的组成部分，要从根本上说明一个行为之所以具有社会危害性也只有从这些因素着手（在这里我们按常规的思维方式将事实和价值合为一体进行阐述）。如果我们以此作为对危害行为定量定性的标尺，则最终只会又陷入自我参照的循环"怪圈"中。

由以上论述我们可以认为：在犯罪（假设规范）与刑罚（评价规范）的静态联系上，正是立法者以刑罚的制裁手段去评价危害行为，才从危害行为中分离出了法律上的犯罪概念；在刑法规范中从根本上说是先有刑罚后有犯罪，刑罚才是"居于上位的"。不管立法者能否自觉地认识到这一点，这种"以刑定罪"的刑事立法规律都必然自发地支配整个刑事立法过程。

对刑罚与犯罪的关系，沙俄时期的刑法学家基斯特雅考夫斯基曾一语破的地指出："在刑法中，第一把交椅无疑义的应属于刑罚。在刑罚中表现了刑法的灵魂与思想。"[1]在刑法规范中犯罪所直接表现出的只是一种躯壳与现象，而刑罚才是其中的"灵魂与思想"；没有区别于其他制裁手段的刑罚，犯罪则将完全混同于其他违法行为而最终失去自身的存在。对基氏在一个世纪前就已经认为是"无疑义"的断言，我们到今天才能有一些较深刻的领悟。刑法学喧闹了一个世纪，除了近距离地服务于实际生活的需要外，在自身基本理论的建构方面究竟又有多少长足的进步呢？

---

〔1〕 转引自苏联司法部全苏法学研究所主编：《苏联刑法总论》（下册），彭仲文译，大东书局1950年版，第491页。

44. 是先有鸡还是先有蛋

然而，如果我们再深入一个层次来考虑问题，刑罚与犯罪孰先孰后的结论就又会有所不同。从人类社会纵向的发展链条上犯罪与刑罚两种社会现象产生的先后顺序来看，这或许是一个类似于"先有鸡还是先有蛋"的命题。人们往往认为这类命题是十分无聊的。其实，这里面包含着非常深邃的历史辩证法。对这类命题，如果仅仅停留在"鸡（犯罪）"和"蛋（刑罚）"这两个概念的相互制约关系上考察，是永远不会有所收获的。离开了两者中任何一方，其另一方都无从存在；没有犯罪当然不会有刑罚，反之，没有刑罚也不会有犯罪（存在的只是一种泛泛意义的危害行为）。但如果我们将它们置于人类社会漫长的进化过程中去考察，二者之间所谓的先后关系的脉络也就较为清晰了。

人类社会是从动物世界发展而来的。"人群最初是纯任自然，自由自在，无法无天、无父无君的。"[1]而人和动物的根本区别之一就在于人类会反思自身的行为。这种反思的结果，产生了最古老的价值判断和行为选择——善与恶，进而形成原始的道德观念和行为规范。"一切社会现象对于当时的人群，不是有益，便是有损；不是有利，便是有害。为便于生活，除放任一些有益、有利的现象听其自然外，还不能不鼓励一些有利、有益的现象出现，遏制一些

---

[1] 蔡枢衡：《中国刑法史》，广西人民出版社 1983 年版，第 39 页。

有害、有损的现象发生和发展。在无阶级社会，鼓励表现为全体成员共同的号召；遏制表现为全体成员共同的禁忌（Taboo）。"[1]有禁忌必有对违反禁忌之惩罚，否则禁忌就毫无意义。原始社会对违反禁忌的惩罚方法是扑挞和放逐。

禁忌和惩罚，这便是犯罪和刑罚的原型，犹如鸡和蛋的原型是原鸡和原鸡蛋一样。随着人类社会向阶级社会的转变，禁忌演化为犯罪，而扑挞和放逐的惩罚方法也演化为以死刑为中心的刑罚体系。至于是否有成文的刑法将它们规定，那不过是个形式而已，并不具有实质的决定意义。

如果我们再进一步提出问题：禁忌和惩罚的原型又各是什么？对此恐怕就无法像原鸡和原鸡蛋一样再找到始祖鸟和始祖鸟蛋的确切原型了，而只能是在理论上作一种大致的描述。这最终归结于一种类似于禁忌和惩罚的两种社会现象相互依存、相互制约，由模糊混沌状态走向清晰定型形态的发展过程。人类从他诞生的那一天起（姑且假设有这么一天）——从他产生精神状态意识到自己的社会存在，就不得不开始与违反自身类的生存秩序的行为进行斗争。这无须我们在此烦琐地去考证。

其实，从犯罪与刑罚两种现象之间的功能关系来看，在刑法史上越久远、越早期的时代，刑罚之意义远远重要于界定"犯罪"之意义。古代的人类在社会生活方面的关系相对简单直观，共同的价值观念、共同的善恶判断十分明晰，在群体氛围的营造和巩固中重

---

〔1〕 蔡枢衡：《中国刑法史》，广西人民出版社 1983 年版，第 39 页。

要的事情不是识别善与恶、正当与犯罪，而是对一经实施便自然会招致共诛的恶行如何惩罚的问题；这种惩罚对受罚人来说不仅应伤其皮肉、毁其尸骨，还应在族人中留下惊心动魄的警示效果。这便是古代刑罚之所以酷烈的根本原因，除此之外的制裁手段几乎都不会有实际意义。

中国古代早期的"法"就是"刑"，"刑"也就是"法"，两者处于一种对等式。"在刑罚的意义上使用'法'字的例子，在古代文献里实在多得不胜枚举。事实上，在古人的观念里面，法与刑本为一事，乃是一事二名的。"[1]晋之刑鼎、郑之刑书，莫不如此。这种状况延续到李悝的《法经》才有了根本的转变——刑法以"刑"为体例重心才转向了以"罪"为主线而串构法体系。梁治平先生对此概括道："将《法经》篇目拿来与旧时的法律'体系'相对照，可以发现一个显著的差别。《周礼·司刑》注'夏刑大辟二百，膑辟三百，宫辟五百，劓墨各千'，这便是《唐律疏议》引《尚书大传》所说'夏刑三千条'。值得注意的是，此三千之数分系于五个刑种之下，换句话说，这是以刑种为纲领的刑罚体系。这种情形在李悝的《法经》里面有了根本的转变。《法经》的头两篇'盗'和'贼'并非刑种的名称，而是概括性的罪名，刑罚的名称则放在'具法'里面。这里，按照刑名分类，以刑种为纲领的体系，转变成了依罪名分类，以罪名为纲领的体系。这在中国古代法

––––––––––––––––––

〔1〕 梁治平：《寻求自然秩序中的和谐——中国传统法律文化研究》，中国政法大学出版社 1997 年版，第 52 页。

的发展史上是一次重要的转变，它表明了古人在立法技术方面的一个突破性进步。这种进步表现在语言文字方面，便是以'法'代'刑'的转变。"[1]之所以发生这种转变，应该归结于社会生活的日益复杂性和犯罪的多元化，对"犯罪"的类型划分及识别不得不成为国家制定刑法以规范社会生活的头等大事和前提性工作，刑罚在刑法体系中的地位也就至少在形式上退居次席了。

从对古代刑法的分析中我们会获得一种返璞归真的认识——刑法之产生是以惩罚与制裁为基本出发点的，刑法的存在是以刑罚为核心、为灵魂的；离开了刑罚，人类根本无从创造刑法的模式（"犯罪"在早期的刑法中反而是可有可无、可写可不写的）；这些才是刑法真正的要义。

刑法的本质是"刑"法而不是"罪"法。人类几千年的刑法观中不管是自觉的还是潜意识的，都更注重的是刑法中"刑"的一面，因为这直接关系到社会人的自由和生命（"罪"在大多数情况下都被视为是"刑"的代名词）。当今时代我们的观念中"犯罪"即意味着"坐牢"（绝不意味着"赔钱"），反过来"坐牢"则意味着"犯罪"；并且"坐牢"之蕴意远远直观、深刻、强烈于"犯罪"之意义。

---

〔1〕 梁治平：《寻求自然秩序中的和谐——中国传统法律文化研究》，中国政法大学出版社 1997 年版，第 41~42 页。

45. 司法定罪中的逆向思维

我们还是回到现实生活中来，对刑法的执行者——司法人员来说，对处于一般违法与犯罪关节点上的危害行为，又是以什么标准去评判性质呢？就我国《刑法》第13条但书中所规定的"情节显著轻微"与否的标准来看，它本身是一个抽象的理论值，在处理具体行为时它事实上是苍白无力甚至是无意义的。在千差万别的具体案件中，受诸多因素影响，关节点总是游移不定、变幻无常的，它不可能也不应该有一个固定不变的值。对此，一些司法人员往往有一种简单朴素的衡量标准——是否有必要"关他几天"（对犯罪人处以一定的刑罚）；如果考虑判刑能在总体上求得好的社会效果，则定罪，反之则不然。危害行为在关节点上客观的模糊性迫使司法人员不得不作这种似乎逆向的思考；但正是这种逆向思考，恰恰与立法者以刑定罪的思路是一致的。在理论上明确了这一点，司法实践中就可以自觉地以刑罚制裁手段的标准去界定犯罪，从而快捷有效地处理案件，避免在情节是否"显著轻微"上各持己见、永不可能达成共识的争议。[1]

如果进一步对上述所谓"逆向思维"进行分析，我们会发现这

---

[1]　情节是否显著轻微，在哲学上属于对事物的模糊性态的处理问题。按照传统哲学二值逻辑非此即彼的思维方式，在精密的定性意义上是完全没有可能解决这种问题的；即使勉强给出结论也始终会存在非议。对该问题，若按照模糊学中模糊集合论的数学方法，可以作出定性处理。参见本书第59小节。

种简单朴素的思维方式其实非预见性地包含着符合现代刑法之应有精神的深刻理由。司法人员在对案件的处理过程中其自觉意识的层面考虑的是对已然行为之处理——是对"行为"进行定性定量（定罪量刑）的裁决；尤其在定性上似乎不应当关心"行为"以外的其他因素——行为的性质蕴含于行为自身之中，对其他因素的关心将影响对行为性质的准确认识。而所谓的逆向思维却在定性过程中引入了行为以外"人"的因素——以对现实的人的品格及事前事后表现的评价（并非局限于行为当时的主体）来作为权衡是否定罪的砝码。

行为本身的性质处于罪与非罪的关节点上难以定夺，而行为人长期稳定的性格善恶倾向却给我们指明基本的处理方向。我们谁也说不清楚对偷三只羊的行为该不该定罪判刑，该判多少刑；可我们一旦将眼光投在具体的偷羊人身上，就会较清晰地感觉到一种诱使我们进入的非此不可的结论。刑事审判中不管是确定罪名还是裁量刑罚，在表象上或者说在形式上都只是针对行为的（相对于行为才会产生罪刑法定原则和罪刑相适应原则），但其最终的意义及效力却是要达于人的，更确切地说是要达于人的内心的——实现对恶的意志的压抑、改造甚至消灭。犯罪与刑罚的关系本身并非直观现象所显示的从原因到结果不可逆转的自然顺序，而是合体为一种人为给定的以刑定罪、以罪量刑的辩证统一过程。

既是如此，从一开始对行为的定罪就考虑到定罪后给行为人（引申至社会）所带来的方方面面的效果，将对效果的期求和预测作为罪与非罪的决断因素。这种思维及操作方式当然具有高度的合理性和相当的可行性。尽管其中并不乏自由擅断的成分，但至少可以说是将"擅断"建立在深厚的理性基础之上；较之于仅是纠缠行为本身的事实情节而对"两难"直接作出抉择并怎么也讲不清道理的擅断方式，这应该说总是要高出一筹的。

46. 应罚性不等同于法律后果

长期以来我国刑法界在对犯罪概念三特征的理解上存在一种误解，即将应罚性视为是社会危害性和刑事违法性相结合从而确认犯罪后必然伴随的法律后果，"从执法的角度来观察，犯罪的应受惩罚性，是由犯罪的前两个特性派生出来的，它是行为的社会危害性和刑事违法性的法律后果"[1]。这显然是受"先有犯罪、后有刑罚"观念影响而导出的结论——将应罚性（犯罪行为应当受到的刑罚）同对犯罪人事实上科处的刑罚（法律后果）混为一谈。

我们前面已经阐明——司法人员应以是否应当给予刑罚处罚的标准去衡量危害行为是否构成犯罪。在这种思路中，"应罚性"只是针对行为而言的、是对行为的质的评价，不具备应受刑罚处罚的质就不构成犯罪；而"法律后果"则总是也只能是针对行为人而言的，行为本身不可能承担什么后果，它只是行为人承担后果的根据之一。刑法意义上的法律后果应该是指行为人已被确认为构成犯罪

––––––––––––––

〔1〕 高铭暄等：《刑法学》，法律出版社1982年版，第68页。

而事实上承担的刑事责任。这种责任就其完整的意义来看，也并非仅仅是指"受到刑罚处罚"。

刑事责任从层次上可以分解为定罪的责任和量刑的责任两个层次，且两者是能够分离的（我国《刑法》第17条对刑事责任年龄就是明确分为定罪的责任年龄和量刑的责任年龄两个层次分别规定的）。多数情况下犯罪人承担的是二者相统一的刑事责任，但少数情况下犯罪人负所谓的刑事责任就只是承担定罪的责任而无需承担量刑的责任。

就定罪的责任而言，只要危害行为本身达到应受刑罚处罚的程度就必须承担，这是对行为性质和基本是非的判定；就量刑的责任而言，它不是"应受"的刑罚（可具体到一定种类、一定量值的刑罚）的直接套搬（传统的罪刑相适应原则正是这种意义），而是很大程度上要受刑罚双重目的的制约。

由于罪与刑的相适应本身缺乏是否"相适应"的衡定标尺——应受刑罚的量值事实上是无法测定的，所以罪刑相适应原则更多的只是一种朴素而又虚幻的要求，完全不具实际的可操作性；它至多不过是在一种经验模式或者说约定俗成的既定模式中运行。既是如此，在对行为人裁量刑罚时有意识地考虑到适用刑罚之目的，就带有更广泛的合理性和具体的可操作性。量刑的责任（法律后果）应当是在罪刑相适应原则的基础上恰当地兼顾刑罚特殊预防与一般预防相结合之目的而确定；进一步说，应树立一种以行为（侧重于罪刑相适应）、行为人（侧重于个别控制的特殊预防）和社会（侧重于威慑效应的一般预防）三位一体相互照应的量刑观。在这种量刑观的指导下，行为人事实上被宣告的刑罚既可以大于也可以小于行为本身应受到的刑罚，甚至被免除刑罚。就具体案件的处理而言，犯罪对刑罚始终只是一种必要条件而非充分条件；有犯罪不一定有刑罚的处罚，而无犯罪则必无刑罚的处罚。

如果犯罪人本身的犯罪情节轻微，按罪刑相适应原则权衡只应当科以较轻的刑罚，而在审判时已有真诚悔罪的表现，则从刑罚的双重目的考虑就无需再科以刑罚，即可"免除处罚"。这样处理，以罪刑相适应原则的报应观衡量，[1]因其犯罪情节轻微本身应得到的报应量（刑罚）就很弱，予以免除人们也能够接受；以特殊预防衡量，因犯罪人已有真诚悔罪表现，予以免除已不至于再犯罪；以一般预防衡量，在这种基础上免除处罚也不致有不轨之徒仿效，况且定了罪本身也属承担了刑事责任（法律后果），体现了社会对行为严厉的否定性评价，仍具有一定的威慑教育意义。

由此可见，免除处罚是以行为本身具有应罚性的本质为前提的，不应受刑罚处罚就不能适用免除处罚，而免除处罚又无法从应罚性中直接推导出来——从应罚性（应受刑罚的处罚）中只能推导出必须给予刑罚的处罚。免除处罚只能是根据犯罪人犯罪后新的悔罪表现而作出，就犯罪"行为"而论，本身是应当并且必须科处刑罚的；如果说免除处罚只是根据犯罪行为情节轻微而作出，则在逻

---

〔1〕 罪刑相适应原则的社会心理基础是一种质朴的因果报应观，而报应观在任何社会形态下都具有相当的合理性。

辑上是无法立论的。[1]传统理论将应罚性理解为法律后果，而法律后果又可能是免除处罚，这里"应受"同"免除"之间就直接形成冲突；既曰是"应受"的后果，又何来"免除"的结局呢？传统理论在此问题上无论如何都是无法自圆其说的。

在对其他严重犯罪的量刑中，也应从这"三位一体"的有机结合中去衡定，而不应将"应受惩罚性"套搬为行为人承担的"法律后果"。一旦犯罪人长期稳定的性格特征中反映出凶残暴虐的一面以及在犯罪后继续有种种恶的表现，我们完全有充分的理由远远超出与犯罪所谓相适应的刑罚而对犯罪人从严惩处。如果从更广的范围看，刑罚的执行过程也应包含在"法律后果"之中。行刑过程中对犯罪人适用缓刑、死缓、减刑、假释及赦免都属法律后果（刑事责任）的减轻；而是否给予这些优待也应置于"三位一体"的平衡中确定。

从以上论述可看出，"应受惩罚性"同"法律后果"是有严格区别的。从执法的角度观察，犯罪的应罚性特征主要反映的是刑罚规范与危害行为在定罪过程中司法人员观念上的思辨联系，而法律后果则主要反映的是犯罪人与给定的罪名及事实上刑罚之有无或大小的动态联系。生活中人们往往就是从这种动态联系的法律后果中

---

[1] 我国《刑法》第37条关于"对于犯罪情节轻微不需要判处刑罚的，可以免予刑事处分"的规定在表述上是有重大缺陷的，应修改为"对于犯罪情节轻微确有悔罪表现不需要判处刑罚的，可以免除处罚"。条文中"可以免予刑事处分"的提法也属不妥，"刑事处分"在字面意义上是指刑事责任的，而刑事责任包括定罪和量刑两个方面，只定罪而免刑仍属追究了刑事责任。

去理解和接受了犯罪与刑罚的存在；而对立法者和司法者精确的思维来说，决不应将"应受惩罚性"与"法律后果"等同起来。

第三节　刑罚的有效性及其对犯罪外延的影响

47. 刑罚应保持自由刑的中心地位

如前所述，既然立法者和司法者都应以是否应当受刑罚处罚的标准去衡量危害行为是否构成犯罪，那么作为衡量标准的刑罚本身就应当是稳定、合理和相对完善的。刑罚对犯罪来说相对具有一种以不变应万变的功能。

从国家动用一切可行的手段以简单、及时、高效地求得社会秩序稳定的功利观出发，刑罚只是作为最严厉的社会自卫手段而存在的（军事镇压乃万不得已而为之）。按照著名刑法学家贝卡利亚的话来说，刑罚是一种"极端的"和"最后的"手段。这是不同社会形态下刑罚的共同本质属性（相对于其他法律制裁手段而言）。而所谓的"最严厉"，又是相对于特定社会形态特定社区人们的生活方式及价值取向而言的。在奴隶制和封建制的社会形态中，多数人事实上是没有自由权利的，而少数人拥有无限的自由也就无所谓什么自由的权利，所以在那种时代，自由刑显然不会具有最严厉的意义；而生命刑和肉刑也要以各种骇人听闻的残酷方式予以执行，似乎才足以体现"最严厉"——除此之外，统治者已再无任何招数了。

社会发展到了今天，所有公民都享有了最充分的人身自由权，一些人甚至视自由的价值高于肉体生命的价值，自由刑随之也就产生出最严厉的意义（生命刑降位成一种次要的补充）。对个体的人类生命来说，在一个人人自由的社会里失去自由，那么这种个体的生命可以说在自由的丧失期间里已失去了人类生命的存在意义，其暂时性的残酷并不亚于剥夺生命本身——至少我们在哲学的境界中能找到这种感觉。当人们处于能够意识到自由是最可贵的时代，那么社会就应以剥夺个人的自由来作为最后的自卫手段。这就是当今社会价值观的基本取向。基于这一点，在今天乃至今后相当长的时期内，作为最后手段而存在的刑罚都应该始终保持以自由刑为绝对中心的地位。

社会的文明和进步相应带来的是犯罪现象的复杂多样和千变万化，但同时文明和进步带给刑罚的却是单一化和规范化——从古代刑罚千奇百怪的制裁方式逐步过渡到非常简单的自由刑。犯罪与刑罚两极分化的大趋势十分生动地表现了人性疯狂扩张的卑劣一面和人性自我意识及自觉控制的另一面。

对处于一般违法行为与犯罪临界区域的大量危害行为，如果我们能够确立起"以刑定罪"的新观念，并将这里的"刑"简单理解为自由刑——以是否需要剥夺行为人一定期间自由的刑罚去衡量审视"犯罪"，那么在社会危害性的"渐进斜线"上界定出的犯罪关节点就会升高——只有达到需要被剥夺自由的程度才构成犯罪；而关节点升高，犯罪的外延就缩小（相应的一般违法行为的外延则扩大），犯罪外延的缩小势必形成打击锋芒的集中，锋芒的集中则相应带来刑法适用的及时和高效，从而在整个法律控制体系中产生出刑法所独有的打击和威慑犯罪的最佳社会效应。反之，如果仅仅以是否需要"单处"财产刑（罚金和没收财产）或资格刑（剥夺政治权利）的刑罚去界定犯罪，则犯罪的关节点就会降得很低，如此操作犯罪的外延势必扩大，势必造成打击锋芒的分散、处理的不及时甚至刑罚的无效，从而大大削弱刑法在人们心目中强烈的威慑效应。

48. 罚金刑不应独立适用

现在刑法界普遍有种看法，即认为罚金作为可以独立适用的附加刑其地位还不够高，应将其上升为主刑在更大范围内独立适用（并仍可附加适用）。这种看法且不论其给刑罚体系中主刑与附加刑之区别所带来的难以解决的理论混乱（罚金究竟应归于主刑类还是附加刑类，刑罚中还有无附加刑），也不论其在刑法哲学上立论根基之浅薄，其在操作层面必然导致的方方面面的负效应都是不堪设想的。

我们仅从对犯罪单处罚金的实际效果考察，它与民事、经济和行政法规中对一般违法行为的罚款并无任何实质性的差别；对受罚的当事人来说，两种处罚都同样是被剥夺合法财产，在数额上也并无多少之区别。当然我们可以说两种处罚的法律意义完全不同，但这毕竟只是一种形式上的符号性差别；不同的符号如果并不记载不同的实质内容，那么久而久之这种差别就会在人们内心的符号系统中淡化和消失。

在这个问题上，当代许多西方国家的做法值得我们深思。他们将罚金刑的范围搞得十分宽泛，相应带来的是犯罪概念内涵的日益模糊及外延的不断扩大。在美国甚至出现大多数美国人并不认为"超时停车"是一种犯罪，然而多数司法区的法律却将超时停车规定为违警罪的情况（量刑上主要是处罚金）。[1] 像这样认定的犯罪和科处的刑罚还有什么威慑、教育和示范的意义呢？对这类行为为什么非要由刑法来操心呢？20 世纪 70 年代后期西欧大陆一些国家在刑法改革中出现的"非犯罪化"倾向（主要指取消或限制违警罪的适用），在一定程度上正是对这种做法的合理否定。

刑罚的种类一旦多样化，其相应带来的必然是犯罪种类的多样化。刑罚多样化的初衷本来在于与犯罪的多样化及犯罪人的多样化主动相适应，以满足人道主义发展及所谓教育刑的需要（不同的犯罪及犯罪人需要不同的有针对性的教育方法），孰料其在适用过程中受"以刑定罪"的刑事规律潜意识的影响和扭曲，反过来倒造成了以"犯罪"的多样化和泛滥化对刑罚多样化的被动相适应。一大批本来以民事、经济或行政的制裁手段就足以处理的危害行为也都被人为地升格为犯罪，导致对所谓的犯罪"防不胜防、处不胜处"。如此尴尬局面的出现也从一个侧面反映出刑罚在定罪过程中至关重要的决定性作用。

大规模适用罚金刑所直接造成的恶果至少有两个方面：一方面，它致使犯罪外延急剧膨胀，大大加重司法机关处理"犯罪"的

---

〔1〕 参见储槐植：《美国刑法》，北京大学出版社 1987 年版，第 44 页。

负担，造成司法资源的极大浪费；另一方面，从对社会的心理影响看，除了吝啬鬼和守财奴以外，没有人会真正认为剥夺财产是对付犯罪的"最严厉"的手段。在现代社会人们的观念中，一般违法行为与犯罪已有了根本的区别——犯罪是以自由甚至生命而不是以金钱或其他什么莫名其妙的补偿为代价的，"赔钱"与"坐牢"本身就是人们指称民事侵权行为和犯罪行为的代名词（这两个代名词非常形象、准确地揭示了犯罪与民事侵权的本质区别，胜过我们千千万万的理论）。人们很大程度上受这种观念支配而选择和调整行为。在立法及司法上应当是强化这种观念而不应采取一些与一般违法的制裁手段并无实质性差别的"刑罚"去淡化它。我们切不可盲目地去适应所谓的"世界刑罚发展之趋势"，切不可忘记刑罚是社会"极端的""最后的"手段的灼灼真言！

由此可见，我国现行刑法中对罚金、没收财产和剥夺政治权利的"单处"规定并不合理，应予废止。当然，这三个刑种作为自由刑和生命刑的附加适用手段还是十分必要和非常可行的，但它们只应附加适用而不能独立适用；刑要科、钱照罚，双管齐下、效果极佳！

49. 规定法人犯罪不可行

从刑事立法和司法的角度看，危害行为所具有的社会危害性严重的量与应罚性的本质特征之间存在一种相互制约关系。一般情况下前者对后者具有决定意义——达到"严重的量"就应当受到刑罚的处罚即构成犯罪；而后者又以其稳定的刑罚参照系精确地去界定前者——是否"严重"以是否需要动用刑罚为标尺而衡定。但上述制约关系仅具有一般性或常规的意义而并非全部如此，有些情况下社会危害性严重的量对应罚性并不具有绝对性的决定意义，即行为虽具有无可争议的"严重的量"也不一定应当受到刑罚的处罚，也就不构成犯罪。"即使是那些具有相当程度的违法性的行为，由于其性质，在刑法的领域内不具有可罚性的情况是客观存在的。"[1]是否应受刑罚的处罚，除了危害行为必须达到严重的程度以外，还应当考虑对行为之主体动用刑罚是否可能、是否有效的问题。

20世纪80年代中期以来，我国刑法界就法人能否构成犯罪的问题展开了热烈的讨论，大致形成了"肯定说"和"否定说"两种针锋相对的观点。如果我们按照传统的哲学观点和法学理论分析，应当承认"肯定说"的理由要充分有据得多；既然法人能够实施较轻微的危害行为——各种民事、经济及行政法规中都将法人作为一般违法行为之主体进行处罚，它又为何不能实施严重的危害行为（犯罪）呢？这不过是一种程度或数量方面的差别而非种类或方式上的不可能！法人作为一种健全的法律组织形式，其行为能量远远大于自然人——特别是在走私、投机倒把等经济犯罪方面，这是不可否认的客观事实。正是基于这一事实状态的日益严重，全国人大常委会在1988年以后陆续颁布的数个单行刑事法规中作了"单位"（可限制理解为法人）构成犯罪的明文规定，1997年的《刑法》更是在"总则"中以专节的形式规定了"单位犯罪"。

---

[1] 何鹏：《外国刑法简论》，吉林大学法律系印，第70页。

对某类行为冠以"犯罪"的名称如果仅从提法上看只是一种社会识别符号，其要害之处或者说唯一具有长远意义的实在之处在于对该类行为应当有与犯罪名称相适应的制裁手段。如果我们以"应受刑罚处罚性"的犯罪必须具备的本质特征去衡量，对"犯罪"的法人科以刑罚却是无意义甚至是不可能的。虽然按现行法律规定对犯罪的法人可处以罚金——法人犯罪具有应受罚金处罚性的特征，但如前所述，罚金作为独立刑使用本身就极不合理，有其致命的弱点；对法人科以罚金从长远看是完全不具威慑意义的，它与罚款并无实质性的差别，而对法人科以自由刑或生命刑又是不可能的。[1]故此，虽然法人能够实施严重的危害行为，但由于其并不具有应受刑罚（自由刑）处罚的本质特征，所以仍不能构成犯罪。

在这个问题上一些国家的做法值得我们借鉴。从西欧大陆几个主要国家的情况看，20 世纪初期，所谓的"法人犯罪"现象就是较为普遍的了。1929 年在布加勒斯特召开的第二届国际刑法学会就对"法人犯罪"问题进行过专题讨论。几十年过去了，现象随着经济的发展本身有增无减、愈演愈烈，但就现有的资料看，他们至今在刑法典中也未规定"法人犯罪"。其原因何在呢？如果我们将这归结于大陆法系的国家始终信守罗马法"社团不能犯罪"的古老原则，就未免太简单了！这只能归根于他们在近 200 年的资本主义发

---

〔1〕 我国一些学者认为对法人也可处以自由刑和生命刑——自由刑即"责令停业整顿"，生命刑即"吊销执照"。这种牵强附会的理解只会造成刑法学中基本概念的混乱；况且这些措施本身就属于行政处罚手段，动用行政法规就完全足以解决问题。

展过程中，逐步形成了一套比较完善的经济、行政法律制度；对法人所谓的"犯罪"采取经济、行政的制裁手段就能够及时、简便、更有效地达到维持社会秩序、调整社会关系的功利目的，又何苦采用旷日持久的刑事诉讼程序去舍简求繁呢！国家立法者在犯罪的创制过程中自觉地考虑功利目的和司法资源的优化配置很大程度上反映出立法的理性化水平。

从我国的现状看，对惩治法人所谓的"犯罪"过去也并非无法可依，而很大程度上是执法不严、甚至是有法不依；相当一部分完全足以惩治法人严重违法行为的经济、行政法规形同虚设；对"单位"中操纵"单位犯罪"的主管人员和直接责任人员并未按自然人犯罪给予针对性的惩治（这是从刑法角度遏制所谓单位犯罪的治本之策）。既是如此，那仅仅是在不同法律之间进行一种形式上的转换而加重司法机关的负担（司法机关的负担本来就够重的了）又有多大的积极意义呢？我们可以较有把握地预测：在我国目前较低水平的法治状况下，规定"法人犯罪"只会带来更多的弊端！[1]

50. 保安处分在刑法中能否有一席地位

近代意义的保安处分，其基本的含义是指传统刑罚手段以外的、出于社会防卫的需要而采取的补充或替代刑罚的多种措施；其要旨在于出于社会有效防卫之目的，针对不同的行为"人"而采取

---

[1] 这段话写于 1988 年 12 月。从多年来的司法实际看，"预测"一定程度有所言中。

最有针对性的防卫措施，而并非像传统刑法对不同"行为"只是采取较单一的刑罚制裁。

概括近代以来各国法律对保安处分的规定（是否有"保安处分"的名称并不重要），大致有以下九种：①强制劳作，主要对常习犯、常业犯或荡性恶劳者；②保护观察，主要对假释者；③保安监置，主要对常习犯适用的一种不定期监禁措施；④监护隔离，适用对象主要为无责任能力的精神病人；⑤禁戒处分，主要对吸毒者、酗酒者；⑥感化教育，主要对未成年人；⑦善行保证，主要对有再犯危险性的人；⑧监视居住，主要对带一定地域性质的犯罪；⑨没收物品，以消除犯罪的条件。

上述九种措施，与我国新中国建立后所逐步形成的社会控制体系的诸规定相比较，其实大同小异，某些方面我们国家的做法还更为细密完善。将散见于我国各种规定中与"保安处分"相似意义的措施归纳起来，大致也有九种：①劳动教养，主要对有轻微犯罪行为的人；②收容教养，主要对实施严重危害行为的未成年人；③收容遣送，主要对盲流人员；④强制医疗（包括医疗监护），主要对烈性传染病人和精神病人；⑤强制戒毒，主要对吸毒者；⑥工读教育，主要对不适宜在一般学校就读的中学生；⑦社会帮教（或称监察观护），主要是对人身危险性不大的犯罪人（须通过社会组织限制其一定自由）；⑧强制留场，主要对有再犯可能性的刑满人员；⑨没收物品，没收与犯罪相关联的物品。

从上述对保安处分外延的比较分析来看，尽管我国现行法律体系中既没有一部保安处分法规，也没有"保安处分"的名称提法，但却有相当完备的"保安处分"制度。基于人类共同的生理特点和大体相似的社会历史环境，不同国家的管理者们不约而同都会找到大体相同的管理措施。这也许就是哈耶克所称的不受人类理性所左右的一种"自生自发秩序"。[1]

"保安处分"制度在我国法律体系中事实上长期存在并对治安秩序的稳定发挥着十分重要的作用，这是毋庸置疑的客观现实。中国法学界目前对"保安处分"的讨论，其焦点也并不在是否承认、是否需要，而在如何定名、如何完善、如何与刑法及其他行政法规相协调上。来自刑法学界的较大呼声是要求将散见于各处的"保安处分"措施统一起来，一并纳入刑法典，形成一部巨细无遗、成龙配套、方便操作（司法人员在同一部法典中容易找到最有针对性的处置措施）的"大刑法"。这是目前最为流行且很少有反对意见的时髦看法。

其实，这种看法一点也不新鲜。1926年国际刑法学会布鲁塞尔会议所形成的决议就明确指出："我们认为如以刑罚为对于犯罪唯一的制裁，……则对于异常而犯罪的人，在防卫社会实际要求上均嫌不够。所以我们希望在刑法典内应规定保安处分。"[2]80多年过去了，这个决议又得到多大程度的响应呢？各国的管理者们仍然按

---

〔1〕 哈耶克为西方当代著名的政治学家、经济学家，1974年诺贝尔奖得主。有关"自生自发秩序"的理论参见其《自由秩序原理》一书。

〔2〕 转引自林纪东：《刑事政策学》，正中书局1969年版，第301页。

照"自生自发秩序"而各行其是。

将保安处分与刑罚合为一体的大刑法观点，其根本失误在于缺乏对犯罪本质的深刻认识——将犯罪同社会生活中的多种实害行为混为一谈而不加区分；既然我们面对的是光怪陆离、纷繁复杂的多种实害行为，当然需要与之相适应的多种处置措施。但这些难道都需要由刑法来规定吗？我们前面已经长篇大论地道述了犯罪的核心本质是应受刑罚（自由刑）处罚性，如果这个论点能够成立，那保安处分在整个法律体系中的地位也就注定了——它始终只能具有行政处罚（置）的性质，刑法中至多只能另行规定一点与犯罪直接关联的辅助性措施（如没收犯罪工具）。

犯罪的本质或灵魂是刑罚——无刑无罪，而当代乃至今后可预见的时期内刑罚都应以自由刑为中心。凡不应当（如一般违法者）、不可能（如法人）或不适合（如精神病人）科处自由刑的实害行为则应统统退出刑法的领域，根本不需要对它们冠以"犯罪"的名称或将它们在刑法中与犯罪相提并论；反过来，刑法中能够独立适用的制裁措施只应是清一色的自由刑（或生命刑），除此之外的所有措施都只能是绝对意义的附加刑——只能随自由刑或生命刑附加适用，不能单独用以处理犯罪行为。

须说明的是，本人坚决反对将保安处分制度完整地纳入刑法典，但并非对世界性的"非犯罪化"和"非刑罚化"的趋势持反对态度。我们需要的倒是对这两个概念的内涵作一些清楚的界定——二者其实表征的是同一事物的两方面意义："非犯罪化"是指对传统刑法中的某些"犯罪"在今天的时代不应再作犯罪处理，而"非刑罚化"是指与之相适应的对这类行为应采取传统刑罚以外的处置措施；总之，二者其实都脱离（或退出）了刑法的领域而属于行政法规或道德的范畴。至于一些学者所幻想未来刑法会出现"刑非刑、刑无刑"的浪漫局面（并认为当代刑法必然朝这种方向发展），如果一旦将后一字眼的"刑"（带着重号的）界定为自由刑，我们真无法设想那个时代还需要刑法干什么；没有刑法，那这种提法本身还有什么意义呢？现代西方刑法理论中关于"教育刑"的提法将一大批学者的思路完全带入了误区（本来教育刑提法的基本意义并无不当——适用刑罚应看重教育的功能，但一些学者却片面理解成了传统刑罚应为教育感化的措施所代替）。人类若真能化刑罚为感化、变监狱为学校，那我们真值得考虑是否也去接受这种教育，毕竟守法的生活和劳动在任何时代对大多数人来说，都实在是太乏味和艰难。

从始终保持刑法作为最后手段（国家无路可退）的强大威慑力和最大限度节约司法资源的角度考虑，刑法的发展趋势应当是逐步缩小犯罪外延（假设实害行为的总量不变，相应的行政违法行为的外延则扩大）；将分流出去的各种实害行为分门别类地归进不同领域的行政法规中加以处置。根据我国的具体国情，我个人认为目前只能基本保持对含有"保安处分"意义的各种措施分散规定的原有格局；它们既不应被全部收编进刑法典，也完全无必要（也不大可能）制定一部统一的"保安处分法"。

51. 关于死刑的存废问题

死刑（生命刑）是人类最古老的一种刑罚，任何统治者无须开导都会很清晰地感受到死刑在预防犯罪方面的强烈意义：消灭罪犯的人身便一次性杜绝其再犯的可能；而对社会的"顽猴"来说，在血淋淋的"鸡"面前不得不慎思而后行。

死刑作为压抑犯罪的最有效手段在资本主义前的时代似乎是无可争议的。但自 1764 年意大利著名刑法学家贝卡利亚在《论犯罪与刑罚》一书中对死刑的存在提出系统的质疑后，西方思想家们相继对死刑发起严厉的抨击。在"博爱"精神的感召及社会条件变化的影响下，西方各国刑法在 19 世纪以后逐步呈现出减少以至废止死刑的趋势；虽然其间不少国家在做法上反反复复，但总的趋势却是不会更改的。

中国刑法在今天无法回避地面临着这种趋势的巨大挑战，我们须责无旁贷地作出明确的回答。首先肯定一点，对死刑存与废的权衡，这是一个与民族价值观念必须相适应的问题；背离这一思路，刑法无疑会招致被民众所唾弃的危险。宏观的思路一旦确定，基本的做法便自然成型。"杀人者死"，这是中华民族千年不变的信条；对其他各种严重危害社会秩序的犯罪，来自民众强烈的呼声就是主张死刑。这种压倒一切的价值倾向便决定了中国当代刑法在死刑设置上的基本格局。

但中国社会总是要迈入更高文明的形态，宽容仁爱的人类精神也应当注入我们的刑法；以国家的名义血淋淋地杀人总不是一件值得张扬的好事。人们最终应该接受比"杀人"更文明的方式去惩罚犯罪。在死刑问题上我们现在实实在在可以做到的是：一方面，在立法上应尽可能地减少死刑条文，对那些并不直接引起"民愤"的犯罪大可不必规定死刑，如新《刑法》第125条第1款的非法制造、买卖、运输、邮寄、储存枪支、弹药、爆炸物罪，第295条的传授犯罪方法罪；另一方面，在执法中应有意识地引导民众价值观念向"温和"的方向发展，尽量少判死刑或少执行死刑（可判死缓）。特别是对数量极多的故意杀人案件——非预谋的故意杀人以不判死刑为宜，以此开先例并形成定式必将一定程度改变人们的死刑观念。

刑法中逐步减少死刑条文（须经若干年才可能调整一次）并在执法中尽量少适用死刑规定，并不会明显降低刑法强大的威胁作用；相反，少用死刑将使实际适用死刑的震慑力大大增强；对死刑案件打击锋芒的高度集中将使人们的注意力也相对集中，从而使国家维持治安秩序的功利目的更方便地达到。

52. 刑法规范的威慑效应及规范之灵活运用

上述论述，主要是侧重于刑法的威慑效应而推导的。当然，如果一味地强调威慑效应也是不可取的，那只能带来刑罚趋于严酷的可怕局面，况且威慑的压抑力毕竟是很有限的。但这种担心至少对现代社会的立法来说很大程度上是多余的；因为立法者面临的是

"可能的而非现实的犯罪"，在刑法规范中如果不侧重于威慑效应，则这样制定的刑法对"可能的犯罪"很大程度上就不会具有压抑力，"可能"转化为"现实"的概率就会升高。现实生活中不是就多次出现过行为人先权衡法定刑的轻重再决定是否犯罪、犯何种罪的真实案例吗！

正如意大利犯罪学家加罗法洛所说："刑罚的轻宽必然降低人们对犯罪严重性的认识；对罪犯的宽容一旦被人们所了解，便不能不使人们的道德感变得迟钝。"[1]（本书第 18 小节所讨论的"宽容"问题是侧重于对新事物的定性，同这里讨论的对常规犯罪的惩治意义完全不同。）立法者在千奇百怪、不断翻新的危害行为面前，不应当完全被现象所左右；危害行为的种类增多必然要求与之相适应的制裁手段增多，但这应尽一切可能控制在民事、经济、行政等法律领域，因为在这些领域内制裁更灵活快捷——国家设置的涵盖社会生活各个方面的各种行政机关将使大量危害行为分流成不同类别并得到及时且有针对性的处理（如果考虑对行政权力的必要制约则可通过赋予公民行政诉讼权利的方式进行）。"刑法具有所谓第二次的性质（sekundare-Natur），其他法律能够解决的问题就不能在刑法中加以处罚，这应该说是原则。民事法规等能够处理的问题，就无需作为犯罪。"[2]在刑法领域还是应有"以不变应万变"的招

〔1〕〔意〕加罗法洛：《犯罪学》，耿伟、王新译，中国大百科全书出版社 1996 年版，第 130 页。

〔2〕〔日〕大塚仁：《犯罪论的基本问题》，冯军译，中国政法大学出版社 1993 年版，第 14 页。

数，始终保持以自由刑为绝对中心的刑罚体系，并以此去界定所有的犯罪；让人们来选择吧，犯罪永远是以自由甚至生命为代价的！至少在现阶段我们还是一点也看不到改变这种"代价"的前景。

当然，随着行为的变异，新的刑罚种类应当出现（自由刑和生命刑以外的种类），"刑罚应当尽可能地同犯罪的属性相类似"，[1]但它们只能是作为绝对意义的附加刑适用，其地位只能是低下的。如果我们这样考虑而制定刑法，那么刑法规范就可以始终建立在最有效的功利范围内，规范自身就足以产生强大的威慑效应。

对刑法的执法来说，如果还是侧重于刑罚的威慑效应则是极其片面的；刑罚规范的具体适用（包括量刑和行刑）应当是在行为、行为人与社会的"三位一体"中求得平衡。依笔者之看法，"三位"中应更强调对行为人的特殊预防；只要行为人确有悔罪表现，则刑罚就应减轻、甚至可免除（行刑中通过减刑和假释等方式实现），反之则应加重。正如黄风先生所述："现代社会要求刑事制度朝着'综合治理'的方向发展，应当摆脱传统的单一性和机械性，使刑事措施多样化和'个别化'。刑罚既要发挥威慑的作用，又要发挥改造、教育和预防的作用。"[2]刑法规范之威慑效应与规范之灵活运用的有机协调，将使刑罚最大限度地达到特殊预防与一般预防相结合之目的。

---

〔1〕 ［意］贝卡利亚：《论犯罪与刑罚》，董风译，西南政法学院刑法教研室印，第45页。

〔2〕 黄风：《贝卡里亚及其刑法思想》，中国政法大学出版社1987年版，第129页。

53. 本章小结

社会危害性是犯罪最基本的属性或称最本质的特征，但这并非犯罪的唯一本质。犯罪同其他任何事物一样具有多重的本质，这不过是在不同层次、与不同事物相比较的问题；在立法及司法对社会进行控制的高层次内，考虑到犯罪与一般违法行为的界定，犯罪的本质在于应受刑罚的处罚（应罚性）。

以应罚性为标准，才有可能从社会现实纷繁复杂、千变万化的危害行为中分离出"犯罪"——对社会危害性进行定量乃至定性的处理。在规范论的意义上刑罚对犯罪来说是居于上位的；不管我们是否承认或者能否认识——"以刑定罪"作为刑事立法及刑事司法铁的规律必将自发地支配其全过程。我们在罚金刑的独立适用和"法人犯罪"的问题上违背了这一规律，必将受到规律的惩罚！

由于"以刑定罪"规律的作用，刑事司法中执法者的思维焦点下意识地投射在行为人身上，使定罪和量刑两个相对独立的司法环节带有整合的趋势。承认并充分考虑到这一点，将使现代刑法建立在以行为——行为人为中心的有效范围内，将迫使我们对传统刑法学体系中犯罪论与刑罚论各自孤立研究的格局重新忖量，也为我们审视近代刑法学新派"应受处罚的不是行为，而是行为人"的著名论点从哲学角度开启一个新的视角（新派主要是从人类生理学和社会学角度立论）。

既然是"以刑定罪"，那么作为定罪标准的刑罚就应是相对完善的。从国家动用一切可行手段求得社会秩序稳定的功利观出发，刑罚只应作为最严厉和最后的手段存在。国家控制危害行为的手段应当并且也能够（有条件）多样化，但这只是就国家宏观的、全局的法治体系而言；多种手段中应该是分层次且有不同针对性的，刑罚手段在其中始终只具有"最后的"意义。由现代社会人们的价值取向分析，只有自由刑才属于最后的手段（生命刑只是极少量的补充），除此之外的所有手段都不可能具有这种意义（至多不过能作为附加刑适用）。以自由刑为标准而界定犯罪，其外延才能得以准确划定并使内涵清晰，从而向社会展示出刑法强烈的威慑意义并使司法资源最大限度地发挥效益。

第三章
关于刑事违法性

第一节　刑事违法性与犯罪构成

54. 形式上的刑事违法性

在国家对犯罪进行创构假设的过程中，立法者们在基本方面只应关心两点：①该行为的确具有严重的社会危害性，即行为本身被社会大多数人所深恶痛绝；②该行为具有应罚性，即对行为施以刑罚（自由刑）具有非常必要性和切实可行性，这是"应受"的确切含义。一旦某一类行为具有上述两重属性——在世俗生活和社会控制两个层次上都被社会作出了否定性评价，那么该行为在实质上就已获得了"犯罪"的社会评判意义。至于国家是以什么样的方式及程序来具体实现这一评判，是以何种外观形式来予以表达——以判例法还是成文法、以集中的法典还是以分散的单行法规，这同对"犯罪"本身的创制过程相比较已非同等重要的问题。

内容总是需要一定的形式来表现，本质也只有依附于现象才能存在。立法者通过对社会主流价值观念的深刻把握，形成思维中条理化的"犯罪"。但这种立法思维如果不凭借一定的形式予以外化表达，它其实并不产生任何意义；而现代法治国赖以表达这种国家意志的主要形式就是制定刑法——以条文化的书面语言将立法活动中凝聚成的国家意志进行庄严宣告，昭示于一国之天下。内容与形式的统一，特定法域内清晰明确的犯罪模型由此而诞生，现实生活中任何具体的行为一旦符合这个模型的规定性则将获得"犯罪"的意义。与此同时，刑事违法性的属性也就随之依附于"犯罪"的行为而出现。

犯罪的刑事违法性作为一种"形式"上的属性同时表征着两个层面的意义：立法层面上它是以条文化的形式显示国家认定"犯罪"的意志的外在表达方式（犯罪是由"刑法"的形式规定出来的；可以反推出"法无明文规定不为罪"的罪刑法定原则）；司法层面上它又是具体行为获得"犯罪"性质的可供操作的识别标准。

从现象上看，一方面生活中现实存在着或可能将来存在着各种危害行为的原型，另一方面立法上又存在着以这些原型为蓝本所建立的犯罪构成模型——而建立模型之主要意义就在于要求执法者将其同实在的原型进行比较，以对原型（危害行为）按照立法意志作出定性定量的处理。于是，通过司法人员以一定程序的具体操作，各种危害行为就被烙上了"犯罪"的印记而受到刑罚的处罚。

55. 法定犯罪构成的理论化倾向

长期以来我国刑法界就犯罪构成是属于何种性质的事物争论不休：它究竟是一种法律的规定（被称为"法定说"），还是一种刑法理论上的学说（被称为"理论说"）？是一种抽象的说明或规定性，还是事实上的犯罪行为？由于这些问题始终未能澄清，故导致在对犯罪构成及其体系的理解上存在一些混乱。

其实，对犯罪构成在理解上所谓的"法定说"和"理论说"两种观点，本身并无绝对的是非对错之分，而只是观察问题所取的角度不同，不同的角度当然只能看到不同的结论。从刑法本身规定的内容来看，在总则和分则中都并无"犯罪构成"的提法；标准的刑法条款只是对具体犯罪的罪名、罪状和法定刑作出规定（我国刑法典只规定了罪状和法定刑而未规定罪名，罪名由最高人民法院通过发布司法解释的方式作出规定）。由于立法上存在着对罪状的规定尽可能简洁的技术性要求——各类犯罪带共性的特征都集中在总则中以少量条文统一加以表述，具体犯罪的不同特征则在分则的罪状中逐条简练表述，故反映在分则条文的罪状字面上大多都只是一些简单、笼统、原则的罪行描述，缺乏实际的可操作性。

社会生活中的犯罪现象本身复杂多样、千变万化，面对如此精彩的多维画面，立法无可奈何显得十分灰色；再精细的分类和描述都只具有相对有限的适用性而无法概括所有。"即使在一个以法律实证主义为指导方针的法制下，仍然应该承认，立法者的创造力并不能把每一个案件里可能发生的事情包括无余。"[1]立法上简洁却又含糊的表达方式在司法过程中往往使执法者大伤脑筋，于是便给理论家们开辟出广阔的施展才能之地；各种解释法律条文的观点、学说和理论体系就应运而生。对法律的应用型研究成为每一时代注释法学及概念法学所要完成的历史性任务。

刑法的理论家们凭着自己的专业知识和生活经验以及根据约定俗成定型化的既往犯罪处理模式，从理论上对刑法条文的字面进行深入浅出、字斟句酌的分析——原则释之具体、模糊阐之清晰、疏漏补之完整，并将这种对刑法关于犯罪规定的理论解释体系冠名为"犯罪构成"，将聚合犯罪构成的诸要素称为"要件"（必要条件）。这就是犯罪构成及其要件的由来。

从上述分析中可以看出，犯罪构成更多的只是刑法的注释学家们根据刑法规定的罪状所塑造出的解释性理论而并非刑法的罪状本身。虽然对罪状从立法精神上看也可以说其本身就蕴含着对犯罪构成及其要件的规定而并不在于条文中有无"犯罪构成"或"要件"名称上的提法——否则注释理论中的"犯罪构成"就根本无从产生，所以我们并不完全否定犯罪构成的"法定说"，并认为它只是一个观察事物的角度问题——从罪刑法定的观念角度去强调犯罪构成。但事实上在刑法的执法运作中"法定说"几乎毫无意义。

罪状的许多规定既简单又含糊，谁知道其真实的含义及其包含

---

〔1〕 这段话为德国学者海恩茨·休布纳所述。转引自吕世伦主编：《西方法律思潮源流论》，中国人民公安大学出版社 1993 年版，第 206 页。

的犯罪构成是什么！对这一点，不但刑法的具体执行者们不知道，就是有权作司法解释的大法官们也往往摸不着头脑——即使作出解释也未必符合立法的本意，更何况有些罪状确切的含义连立法者们自己都难以说清。立法在有些情况下只是凭着大体的感觉作出大体的规定，其具体的内容尚待于生活自然而然地将它展现，有待于法官和法学家们去努力挖掘。"现在我们知道，由国家确立的实在法制度必然是不完整的、支零破碎的，且到处是模糊不清的含义。有些观念、原则和标准同正式的法律渊源资料相比，可能也不太明确，但它们不管怎样还是给法院裁决提供了某种程度的规范性指导，而只有诉诸这些观念、原则和标准，才能克服实在法制度的缺点。如果没有非正式渊源的理论，那么在固定的实在法律令的范围以外，除了法官个人的独断专行以外，就什么也不存在了。"[1]

我国《刑法》第267条规定了"抢夺罪"，从罪状看它只是对罪名作了规定（即所谓的简单罪状）；其本身内含的犯罪构成究竟是什么？这恐怕是一个谁也无法给出确切答案而需要大家约定俗成统一认识的问题。过去刑法界对抢夺罪所约定的定义为："以非法占有为目的，乘人不备，公然夺取数额较大的公私财物的行为。"[2]从定义中又进一步分解出抢夺罪犯罪构成的四个要件（定义本身可视为对一个完整犯罪构成的表述）：①侵犯的客体是公私财物的所有

---

〔1〕 ［美］博登海默：《法理学——法哲学及其方法》，邓正来、姬敬武译，华夏出版社1987年版，第425页。

〔2〕 高铭暄等：《刑法学》，法律出版社1982年版，第485页。

第三章 关于刑事违法性 ┃ 187

权；②客观方面表现为乘人不备、公然夺取数额较大的财物的行为；③犯罪主体为一般主体，即达到刑事责任年龄并具有刑事责任能力的自然人；④主观方面罪过上为故意，并具有非法占有他人财物的目的。这就形成了关于抢夺罪清晰完整的所谓犯罪构成及其要件体系。而上述对抢夺罪方方面面的规定基本上都属于一种注释理论而非法律本身。司法实践中恰恰是这些几乎纯粹的理论，却实实在在成为"观念的法律"而得以通行。事实上法学家们每天都在造法，而且是最有意义、最真实的"活法"。

　　由于真实的或者说务实的犯罪构成（相对于"法定说"观念上的或者说务虚的犯罪构成）只是一种注释理论而非硬性的法律规定，所以它不像法律本身一样不允许朝令夕改而是可以随时视需要修正的。过去我们说抢夺罪只能是"乘人不备"而实施夺财行为，但近年来各地陆续出现一些"乘人之危"而夺财的案件，如乘被害人因重病或残疾无护财能力而不使用任何暴力（包括威胁语言）当面"拿走"其财物的案件。对这类案件，在定性处理上既不能定抢劫罪，也不能定盗窃罪，从其行为方式及危害程度看，与抢夺罪的罪名及法定刑最为吻合。于是一些学者建议将抢夺罪的构成要件稍作一些学理上的扩张解释即可将其包括，而不应受旧框框束缚视为"法无明文规定"作无罪处理；因为立法上并未对抢夺罪作出须是"乘人不备"的限制性规定，理论上片面的理解当然可以并且应该全面化。这个意见可以说是十分中肯而应当采纳的（立法上将来也无必要对乘人之危的夺财行为增设罪名，而只需要在抢夺罪的罪状中明确规定"乘人不备"和"乘人之危"两种并列情况即可）。

对刑法的执法者们来说，在观念上应该要求他们依法办案——犯罪构成是一种法律的规定并应当严格按照这种规定去处理案件；如果法官们都可以不依法行事，那生活中的人们还有什么行为规范可遵循呢！"无法无罪、无法无刑"，"法无明文规定不为罪、法无明文规定不得罚"，这些激动人心的反封建口号我们尽可以喊得震天响，而大可不必担心因此会放纵犯罪。资产阶级从来也没有真正兑现这个口号，无产阶级也没有可能将其完全实现；因为罪刑法定原则（包括罪刑相适应原则）本身在运作层面上就基本不具实用性和可操作性——再精细的法律面对实然和未然的生活也只能是灰溜溜的，而法官们总是要想方设法将生活推向前进，使手中的案件得以实质性的处理。这也正是人类美妙的理论总是与现实脱节这种永恒的矛盾性在刑法领域内的典型反映。

在刑法的实际贯彻过程中法官们名义上执行的是刑法，即所谓的依法办案——罪刑法定——罪刑相适应，但其实对大多数反复出现的案件按照长期以来形成的流水化处理模式予以定罪量刑，再引经据典在判决中贴上依照某某条文的标签即可，并不需要在是否"法定"、是否"相适应"上动什么脑筋（这里只就实体法上定罪量刑而论，并不涉及对事实证据的分析判断过程）；而对少数疑难复杂并无固定处理模式的案件，条文的罪状本身却不能指明方向，于是法官们就只好求助于自己的理论知识、求助于教科书甚至登门造访法学家们——只要法官们确实具备兢兢业业的工作精神。英国法学家哈特对这种现象概括道："法院就是这样来拟定判决的，为的是造成一种印象，使人们觉得它的决定是意义确定而清楚的既定规则之必然结果。在特别简单的案件中，情况也许是这样；然而，在困扰着法院的大多数案件中，无论是法规中的规则，还是判例中的规则，它们所包含的可能结果都不止一个。在比较重大的案件中，总是有一个选择的问题。在此，法规的一些用语会具有两可的意义，对判例的含义'究竟是'什么也会有对立的解释，法官将不得不在其间做出选择。"[1]

在上述过程中对法官们真正具有意义、具有效力的犯罪构成其实只是一种理论而并非法律本身；抽象的法律经过法学家和法官们的共同扭曲或者说是共同的创造性劳动，已经面目全非地转变成一种务实的观念和理论而渗透于已经处理或将要处理的案件中。如果生活中的危害行为能够在刑法条文中简单地"依法"对号入座，那我们专攻注释的法学家们就都该失业了，各种版本的刑法教科书就统统变成了废纸。但事实上刑法的注释理论却在刑事司法中发挥着巨大的作用，"理论只不过把对法与社会的具体观察所得的逻辑的和经验主义的含义表述清楚。当然，在这样做的时候，理论为所反映的具体观察更趋完善迈出了必要的一步。从这个意义上说，作为社会学理论的一个特殊领域——法学理论的发展必然是一项未完成

---

〔1〕［英］哈特：《法律的概念》，张文显等译，中国大百科全书出版社 1996 年版，第 13 页。

的，但又是永远必要的任务"[1]。

由此而来我们可对犯罪构成问题作一总结——犯罪构成是由立法者、法学家和司法者共同建构的一种模型：立法只是型构模型的粗疏轮廓；而对模型作全方位精心打扮、使其轮廓清晰、能够辨认的工作则是由法学家来完成的；法官们在此基础上，在法律与理论合二为一的混杂观念的指导下，去把握具体行为与自己"观念模型"的切入点，最终形成所宣告的判决。

国内各种版本的刑法教科书对犯罪构成所下的定义大同小异为："犯罪构成是指刑法所规定的、决定某一行为构成犯罪所必需的一系列主客观要件的总和。"在这里，犯罪构成明明是教科书中自编自述的一种理论，却偏偏要说成是"刑法的规定"；其中的奥秘或症结就在于犯罪构成自身的两面性（或称双重属性）——法定性和理论性，并且两者在提法上更应强调"法定性"。理解了这一点就没有必要对定义本身再提出质疑，我们恐怕也难以找到更好的说法来代替它（至多不过是在字面上作一些简化处理）。

56. 犯罪构成的分解及其要件

综上所述，犯罪构成一方面可在执法观念及要求上视为是刑法的规定本身，另一方面其真实的意义却是注释理论家们根据法律规

---

〔1〕［英］科特威尔：《法律社会学导论》，潘大松等译，华夏出版社1989年版，第76~77页。

定所建构的一种学说体系。法律本身只是一种为生活中的行为搭建的模型，只不过这个模型十分简单和粗糙。而理论的任务就是将这个模型装扮得精巧和好看，并大肆鼓吹这就是法律模型本身——我的观念、我的学说只是对法律精髓的领会，只是将法律隐含的东西外化表述出来，执法就应照此而办。

既然犯罪构成不管在刑法上还是在刑法理论上都只是一种模型，那么它显然不是犯罪行为本身。作为模型的意义就在于需要将其同实在的行为相比较，行为符合总体的犯罪构成模型就可以得出行为构成犯罪的结论；该行为又符合某一具体的犯罪构成模型就可以知道行为具体触犯什么样的罪名——不同的罪名有不同的具体犯罪构成。我们头脑中有了犯罪构成的模型，执法中就获得了将刑法付诸具体行为的操作程序；将刑法的条文转化成犯罪构成的观念和理论，其唯一的实在之处就在于具有运用刑法去识别犯罪的方法论的意义。

但是，如果我们仅仅停留在对犯罪构成整体模型的认识上是远远不够的——其方法论的意义并没有充分地展现。将一个完整的犯罪构成模型直接同具体行为相比较显然是难以进行的，模型与原型（行为）各自的复杂组合使得"比较"的工作往往无从入手。于是传统理论对犯罪构成作了化整为零的分解，将一个完整的构成模型拆开，分割为犯罪客体、犯罪客观方面、犯罪主体和犯罪主观方面四大要件。这样便将一种十分复杂的整体模型分离成一些相对简单且容易掌握的部分，以分别进行考查。

要件的含义顾名思义就是必要条件。按照形式逻辑的原理，必要条件的意义在于无该条件必无后事物，但存在该条件却不一定有后事物；要件同犯罪构成的关系正是依循这一原理形成。犯罪构成分割为相对孤立的四大块——四个四分之一，每一块（每一个四分之一）对整体来说都是必不可少的，但每一块自身的成立并不意味着整体的成立。整体分割为各个部分，各个部分都齐备才能结合为整体。

当我们将各个要件的规定性分别同行为的诸事实要素进行比较后，就可以作出行为的诸要素是否分别符合诸要件的规定性的判断。当其中任何一个要件不符合或者说不具备时，犯罪构成的整体都无法凑齐，于是就可以得出行为不构成犯罪的结论；反之，当四个要件同时都符合或者说都具备时，犯罪构成的整体也就得以成立，行为也就随模型所表征的意义而获得犯罪的性质。犯罪构成及其要件体系就为我们从理论上提供了一种具体运用刑法认定犯罪的操作方法——可将其概括称之为"块块分割，逐块分析，综合评价"的方法。

令人遗憾的是，传统理论在建构上述体系时由于"模型"及"分割"的指导思想似乎并不明确，故导致分割出的块块（要件）之间交叉重合、此中有彼、彼间伏此，并且往往将犯罪构成的要件与具体行为的诸事实要素混为一谈，给犯罪构成本身的研究及具体运用带来诸多的混乱和不便。在阐述犯罪客体时带入了"犯罪行为所侵害"的客观方面及具体行为的内容；在客观方面对危害行为作分析时又带入了"有意识、有意志"的主观方面内容；而在犯罪主体的分析中又强调"实施了危害行为"的客观方面内容，将对主体资格（主体模型）的分析变成对实实在在犯了罪的人的认定。[1]

根据"模型"的原理及对该模型进行"分割"的思路，需要强调两点：①应将犯罪构成同具体的犯罪行为严格区别，犯罪构成只是一种法定的及理论的模型，而犯罪行为却是实在的客观事物。②要件是犯罪构成分解后的产物，其基本的意义仍然是"模型"；分解后诸要件相互之间绝对不能交叉重合，否则就完全违背了逻辑学的原理（整体分解为部分、部分简单相加为整体，部分与部分之间不允许重合）。依循这个思路可对犯罪构成诸要件的内容大体上作如下调整：

（1）犯罪客体。客体作为犯罪构成模型中的一块本身意义不大甚至可以说是多余的，它对具体行为来说并不具备作为"模型"直观的比较意义；在条文中均无关于犯罪客体的明确规定，对客体往往须在十分抽象的层次上才能恍恍惚惚地领会一些。纯粹对条文进行注解的实用型分析其实是不需要提出客体要件的。但由于注释法学并非是简单地对刑法条文逐条进行诠注，而是依赖于若干基本概念形成的理论体系而进一步建立起注释学说体系——注释法学是建立在概念法学基础之上的。[2]在概念法学中犯罪客体是一个至关重

---

[1] 参见《刑法学》，第106、119、136页。

[2] 传统刑法理论中并无注释法学与概念法学之分，但其实是可以作这种区分的。本章第二节将涉及这一问题。

194 ▌ 理性主义与刑法模式——犯罪概念研究

要的基本概念——客体的基本意义就是一种权利，而权利在整个法律体系及法学体系中都居于核心的地位，其他许多重要的概念都由犯罪客体（权利）推导演绎形成并相互连接，所以在与概念法学密切相关的注释法学中出现犯罪客体属于犯罪构成要件的提法并以此为出发点形成整个构成体系，也就不足为奇了。由于本书并不打算就建立科学完善的犯罪构成体系进行探讨，我们只就方法论的问题对传统理论提出一些批评，故这里仍将犯罪客体作为犯罪构成的要件予以保留，但其本身的规定性简单得只是"刑法所保护的一种权利"（对该定义后文将作具体分析）。

当我们从刑法分则条文的字里行间分析出各个条文所力图保护的不同权利时，就可以说获得了对犯罪客体的认识。而一旦某个具体的行为事实上侵犯了其中某种权利时，则意味着该行为符合了该条文规定的犯罪构成的客体要件。在对客体的表述上不能提"犯罪行为所侵犯"，否则就将"模型"同实在的行为混为一谈了。事实上的"侵犯"或"不侵犯"均丝毫不影响模型本身的存在。

（2）犯罪客观方面。客观方面要件在犯罪构成中对构成模型的实际运用具有最重要的意义，对"犯罪"的具体分析事实上总是从客观存在过的危害行为开始的。但客观方面要件应仅限于对行为外在的决定社会危害性有无或大小的诸物质因素——行为本体、危害结果、犯罪的时间、地点及方法的表述，至于行为是否包含"有意识、有意志"的主观因素则不应在客观方面的要件模型中研究。在该要件的具体运用中是只考查"实害"而不问"意志"的；只要具体的行为在外观上属于实害行为并为刑法所禁止，该行为就符合了犯罪构成客观方面的要件。

（3）犯罪主体。作为犯罪构成要件的主体与实实在在犯了罪的主体是两个完全不同的概念，前者只是对主体资格的规定，而后者则是对具体的人的"资格"考查后所得出的肯定性结论。按此思路，要件中的犯罪主体只需强调三个必备条件：①达到刑事责任年龄；②具有刑事责任能力；③系自然人（本书对所谓的法人犯罪持否定态度）。行为主体如果同时符合上述三个条件，即具备了犯罪主体的要件，对犯罪构成主体部分的考查即告结束。

其实生活中我们大多数人都具备犯罪主体的资格——即符合犯罪构成主体要件的规定性，但由于我们并不具备犯罪构成的其他三要件，故虽具资格但并不会成立犯罪。传统理论在主体要件中关于"实施了危害行为"的提法纯属多余；在对犯罪构成主体要件进行具体运用时事实上已经暗含着一个"实施了危害行为"的前提性条件，故我们完全不必担心会对所有人的犯罪主体资格进行审查。

（4）犯罪主观方面。主观方面要件包括罪过、目的和动机三要素，而罪过又居于核心的地位。传统理论在这方面的不足表现在对罪过形态的认识上。罪过其实仅仅是行为人对"危害结果"所抱的一种态度，由这种态度的不同才将罪过划分为故意和过失两个类型，由此也才区分出故意犯罪和过失犯罪两种在社会危害性上有着重大差别的犯罪（而差别又仅在主观上对结果的态度不同）。刑法上罪过（故意和过失）的划分标准同民法上过错（恶意或善意）的划分标准有着很大的不同：民法对过错的划分标准似乎定位在行为人对行为本身的态度上，定位在动机的善良邪恶上，或者说并无十分明确的标准；而刑法则非常强调行为人对行为之结果的态度。我国《刑法》第 14 条（故意犯罪）、第 15 条（过失犯罪）和第 16 条（意外事件）对不同罪过及无罪过的表述，其文字落脚点都在"结果"上。

从纯罪过的角度看，行为人所考虑的结果由于尚停留在意志之中——属于主观的范畴，它与客观上发生的危害结果显然呈两种不同的形态，即两个不同的概念，所以我们将罪过中的结果可称为主观结果，以区别于事实上发生的客观结果。主观结果是犯罪人恶的意志同客观实害程度的统一体，它在意志状态中对犯罪人实施行为起着直接的导向作用，对主观结果的分析和考查应当在刑法理论和刑事司法中占据极重要的地位。[1]

57. 犯罪认识体系与文化背景

英美法系与大陆法系的主要不同在于法律的运作技术上，而中国当代法律在运作技术上基本仿效大陆法系，即在立法上采制定法体例，在司法上要求严格依法行事；反映在刑法领域内即奉行"罪

---

〔1〕 关于主观结果问题，参见拙文"析故意犯罪的主观结果"，载《政治与法律》1987 年第 3 期。

刑法定原则"。但在对该原则的贯彻过程中，具体说来即在对犯罪构成的理解及运用上，两者却存在重大差异。比较和分析这种"差异"，无疑对建立科学完善的犯罪认识体系具有重要意义。

在欧洲大陆国家的刑法观念中，犯罪构成只是作为犯罪概念的一个初始层次存在的，而犯罪概念本身被定义为"具备构成要件的该当性、违法的、有责的行为"。在这个定义中犯罪构成显然只是处于一种最初的前提式的地位，其意义在于仅仅是对犯罪行为诸外部事实特征的抽象和描述，即只具有"无价值的记叙性和客观性"；[1]当生活中的实害行为完全具备犯罪构成的全部要件时，其并不等于就构成犯罪，这时仅仅是满足犯罪概念的第一性即该当性的要求，还有两性尚待考查。"一件事符合构成要件，而它是否违法或是否有责任，则完全是另外的问题。"[2]

按照西方哲学价值论的方法，对构成要件该当性的认识只是属于事实判断的过程，其间并不包含价值的分析。对实害行为首先根据法定的要件作出事实性的肯定分析，但这并非认识之目的；认识之目的在于根据肯定的事实作出价值判断，并由此作出处置的结论。于是需要再进入对犯罪概念第二性即违法性的认识。由于符合构成要件的该当性已经包含着"违法"（违反刑法规定）的字面含义——否则哪来的"该当性"呢？所以西方刑法界在对违法性的逻

---

〔1〕 [日] 小野清一郎：《犯罪构成要件理论》，王泰译，中国人民公安大学出版社 1991 年版，第 13 页。

〔2〕 [日] 小野清一郎：《犯罪构成要件理论》，王泰译，中国人民公安大学出版社 1991 年版，第 12 页。

辑分析中显得十分混乱，但这并不影响违法性属于价值判断范畴的基本方法论意义。"关于违法性，不仅要解决是否违法的问题，在违法的问题解决之后，还要解决违法性的程度问题。"[1]显然这后一步的认识在"该当性"的层面上是无法获取的；并且，"还应当从刑法学的角度论证国家社会伦理规范的违反性"，[2]而这些显然属于价值判断的过程。

在作出肯定的事实判断（具备构成要件的该当性）和否定的价值判断（具有违法性）的基础上，对犯罪概念的分析便进入第三层次——有责性的认识。有责性是从事实判断（该当性）和价值判断（违法性）的合取中形成的一种对行为之主体是否承担刑事责任、怎样承担刑事责任的结论。"在进行了符合犯罪构成要件这种一般性、抽象性判断之后，再研究将其行为作为社会一般人的行为来看时能够给予怎样的评价，进而考虑到行为人自身的特殊事情来评价其行为的意义，可以说是适当的。从社会一般人的立场对行为进行的评价无非是违法性的判断，适应行为人自身的特殊事情决定能否对行为人进行非难则无非是责任判断。"[3]对该当性和违法性的判断，都是局限于对实害行为本身的认识；而对有责性的判断，其重

<hr />

[1] ［日］大塚仁：《犯罪论的基本问题》，冯军译，中国政法大学出版社 1993 年版，第 38 页。

[2] ［日］大塚仁：《犯罪论的基本问题》，冯军译，中国政法大学出版社 1993 年版，第 134 页。

[3] ［日］大塚仁：《犯罪论的基本问题》，冯军译，中国政法大学出版社 1993 年版，第 46 页。

心已经由行为转向了行为人，是对具体的人的认识和归责。这也是资本主义刑法由早期以行为为中心转向后期以行为人为中心的发展趋势在犯罪概念上的具体表现。在对犯罪概念中的"有责性"的认识上，不再局限于传统观念对"行为"本身的定性，而已经包含着对具体的人的处罚的考虑，包含着对是否以及如何适用刑罚的斟酌，在定罪与量刑两个环节的契合过程中获得对犯罪及犯罪人的完整认识和处置方案。[1]

由以上分析可概括：大陆法系中只是将犯罪构成作为对犯罪概念认识的一个初始环节，并不具有对实害行为的"犯罪"性质作出整体评价的全局性意义。而这一点与我国刑法界对犯罪构成的认识具有重大的差异。

在我国刑法学的各种著述中，犯罪概念和犯罪构成是作为两个相对分离的问题来表述的。犯罪概念被定义为"具有社会危害性、刑事违法性、应受刑罚处罚性的行为"，这个定义被认为揭示了犯罪本质的、基本的特征。本来犯罪构成是可以合理地解释到定义中的"刑事违法性"特征里，但我国学者却大都并不这样理解，而是将犯罪构成视为游离于犯罪概念之外的另一层面的现象，或至多不过是从本质与现象、内容与形式的依存关系上来泛泛表述两者的联系。在刑法的实际操作中，犯罪概念事实上仅仅作为一种理论上的

---

〔1〕 大陆法系的刑法体系以德国为代表，而德国的刑法学者们深受价值论方法的影响；循此思路而形成大陆法系的犯罪认识体系——从康德到宾丁格，再到贝林格、麦耶尔，一脉相承。参见［日］小野清一郎：《犯罪构成要件理论》，王泰译，中国人民公安大学出版社1991年版，第12～13页。

抽象符号被束之高阁，或干脆弃之一隅根本不作考虑。刑法运作过程中唯一起作用的只是犯罪构成及其四大要件，实害行为一旦分别符合四大要件的规定性行为即获得"犯罪"的性质意义，并不要求似乎也并不需要运用犯罪概念的其他特征对行为再作分析。在对犯罪构成的把握中即完成了事实判断、价值判断及合取结论的认识全过程。

这种思路，如果将其置于东方文化"天人合一"的观念和事实－价值一体化的认识论背景下，似乎可以找到其形成根源的解释——东方民族模糊、笼统、大包容的思维方式很难对西方文化背景下产生的犯罪认识论形成认同感。我们自然会按我们固有的思维方式去认识事物并循此方式建立自己独特的犯罪认识体系。

但问题的答案并非全部如此。我国的犯罪构成理论其实并非自己"土造"而是几乎原封不动地照搬于苏联的刑法学理论，而苏联又为什么会形成这样的体系呢？我推测原因大致有二：其一，俄罗斯民族处于东西方民族不同思维方式的交合之间，其本身又基本上属于陆地民族（托尔斯泰认为一切德行都同土地相联系，西方人大概不会持这种主张），在思维方式上自然更亲合于东方民族。在对由西方文化背景下产生的犯罪认识体系的借鉴中必然按照自己民族的观念加以改造。这一点可以说是潜在的甚至是无意识的大背景。其二，从显性的原因来看，"十月革命"胜利后建立起的是无产阶级专政的苏维埃政权，其与资产阶级的文化及观念（包括法律文化及观念）誓不两立。尽管资产阶级的犯罪概念及构成体系较之于苏联后来自己建立的犯罪构成体系更完善、更合理,[1]但由于资产阶级的犯罪认识体系是以事实-价值二元论为文化背景的,而"二元论"按照唯物论哲学的观点来审视则又似乎应划归彻头彻尾的唯心主义认识观,划清界限的要求迫使学者们只能是借用语词符号和大致框架而对内容进行全面的改造。

中国社会主义制度建立后,铲除国民党旧法后留下的法制空地上只能是全面移植苏联的"花草",文化上、政治上的趋同使我们无保留地接受了苏式犯罪构成体系,并一直沿用到今天。虽然近年来也有一些学者已经觉察到这种体系的某些弊端,并提出可以直接借用大陆法系的犯罪认识体系,但终影响甚微。

从"弊端"的最主要方面看,我国的犯罪构成体系其实只适用于一种对实害行为"贴标签"的流水化处理过程,即对大量的、反复出现的犯罪只需适用构成要件的规定性简单地作出判断即可——诸如主体资格是否符合,主观方面是故意还是过失,等等;根据形式要件的符合即可得出实质上构成犯罪的结论。而一旦行为的社会危害性模糊不清或行为处于罪与非罪的关节点上,则构成要件所提供的标准便全无用场,这时就再无任何有效的科学方法可供遵循,于是只能是在一种难以名状的感悟中完成生杀予夺的裁决。

---

〔1〕 对这一点,苏联的学者们应该有着极清醒的认识,毕竟他们是在极艰难、极繁重的比较中完成了自己的"改造"。而我国的学者们因为是"照搬",故一般不会直接获得这种认识。

大陆法系的犯罪认识体系则不然，[1]虽然对大多数案件也只是一个"贴标签"的处理过程，但一旦出现上述的复杂局面时，由于问题只是暴露在犯罪概念（而非犯罪的全部构成）第一环节的考察后，还有违法性的价值判断和对具体行为人的分析两个环节尚可论证，其认识方法上的严密性和完整性也就显而易见了。

平心而论，我国犯罪构成体系的所谓弊端，其实有其存在的阶段合理性，欲对其进行改造或消除谈何容易！"法律改革的命运在根本上取决于文化建设的成败。法律问题最终变成文化问题。……我们不但自觉地把每一项具体的改革放入这种整体性格局中去考察和评判，而且寄希望于一种崭新的文化秩序的建立。"[2]犯罪构成体系的全面改革绝非一个简单的修正提法、借鉴技术性方法的问题，而是从根本上改变我们东方民族几千年来所形成的思维方式的漫长过程——要求所有司法者在头脑中能自觉地将事实判断和价值判断分离开来，并按这种"分离"的思路去认识犯罪。但改变民族的思维方式恐怕需要若干代人的巨大努力才能奏效；我们现在实实在在能做到的是——将目前的犯罪认识体系作一些局部的调整，使之能在我们传统的思维模式下较科学地运行。

可对目前的犯罪认识体系作如下调整：将犯罪构成直接解释为

---

〔1〕 由于大陆法系对犯罪的认识是综合犯罪概念和犯罪构成两方面内容的——犯罪构成只是犯罪概念的其中一部分，所以我们不能套用我国刑法界对大陆法系认识犯罪的全过程所概括的"犯罪构成体系"的提法而改称"犯罪认识体系"。

〔2〕 梁治平：《寻求自然秩序中的和谐——中国传统法律文化研究》，中国政法大学出版社1997年版，第362页。

是犯罪概念"刑事违法性"特征的具体体现，在犯罪概念原三性的基础上再展开犯罪认识论的全部体系。其大体思路为：对实害行为首先以"社会危害性"的特征作社会伦理价值的评价；再以"刑事违法性"特征对行为从犯罪构成及要件方面作精细的考察，在此过程中应尽力贯彻"罪刑法定原则"（无法无罪）——行为不符合构成要件即可作出否定的结论；最后再根据"应受刑罚处罚性"的特征对行为人作应否以及如何进行刑罚处罚的考虑。在对三性全面考察、通盘权衡的过程中作出行为构成"犯罪"以及如何处罚的结论（在对"犯罪"的考察中已经包含着对刑罚的考虑）。[1]

上述调整，我想按照我们目前的思维方式和理论结构是可以完成的。

58. 类推制度没有必要取消

类推是指对刑法没有明文规定的犯罪比照刑法分则最相类似的条文定罪判刑的制度。我国1979年《刑法》第79条对类推制度作了规定。自《刑法》生效的这十几年间，许多学者对之持续不断地进行抨击，称其违背罪刑法定原则、导致法官擅断，要求从立法上

---

〔1〕 本书的结构是按犯罪概念三性即社会危害性—应受刑罚处罚性—刑事违法性的顺序安排的，而这里却将"刑事违法性"仍作为第二位的特征。两者差异的原因在于：本书是从立法观念的角度考虑问题，面对的是并无现成"规范"的大量实害行为，须从对"应受刑罚处罚性"的考察中建立犯罪模式，属于理论刑法学的内容；而这里是从司法操作的角度看问题——如何运用既定的犯罪模式去识别生活中的行为，这属于刑法规范注释论的内容。

将其取消。面对来自各方的强烈呼声，1997 年《刑法》的修改者们终于下定决心将其一举取消。但在我看来，取消类推制度并非明智之举，立法者在这一问题上可以说有点迂腐了。

首先肯定一点，对类推制度在《刑法》的修改中是继续保留还是将其取消，这并非一些人所渲染的是一个关系到能否严格执法的大是大非的原则问题，而只是一个对方方面面的利与弊权衡比较后必须作出决断的两难选择问题。

从现象上看，保留类推似乎已无必要。它既与罪刑法定原则冲突，同时也无太大的实际作用。自原《刑法》于 1980 年生效至 1997 年 10 月 1 日被新法取代，17 年间经最高人民法院核准的类推案件据说尚不足 100 件，年平均只有 5 件左右。对拥有 13 亿人口的大国来说，为这区区几件案件而保留一个声名俱恶的制度实在是得不偿失。

但对司法的运作过程进行分析，类推其实并非破坏罪刑法定原则的元凶。首先，其实际适用的数量微乎其微，在全部刑事案件中所占的比例趋于零；其次，我国旧刑法规定对类推案件的审理在程序上实行最高人民法院核准制，故类推案件一般都是四级终审（一审一般由基层法院开始），其程序之严格已远远超过对死刑案件的审理。一个类推案件经过四级法院实质性的审理，在对案件事实的认定、证据的采纳、社会危害性的判断以及应受刑罚处罚性的考虑上，都可以说达到了相当精密的程度。而对须类推的行为作犯罪处理的唯一障碍在于该行为不具刑事违法性的特征。但这一点其实仅仅只是一个务虚的理论问题。

就务实而言，我们前面已经谈到罪刑法定原则相对于衡定的刑法条文和时时变化的生活来说绝没有真正实现的可能性。一方面，法律越繁杂、越精细，就越容易产生分歧，人类所建立的任何概念或分类体系相对于实在的事物都只具有相对概括的意义，对同一行为不同的法官往往会作出不同的判断和归类，相反的，法律越笼统，思路反而越一致。另一方面，面对粗糙含糊的法律，法官们事实上随时都在"造法"，对大量法无明文规定的行为，法官们总是习惯于根据自己的感受和经验而自行选择一个大致相似的条文认为属于"明文规定"就作出处理。他们既不受苍白无力的罪刑法定原则的束缚，更难得对烦琐的类推程序进行考虑。面对公众们愤怒的制恶情绪，稍具正义感的法官都会想方设法加以满足以将社区恢复平静。"所有国家的法官都有办法从束缚他的条文中解脱出来，如果正义要求这样做的话。为了这个目的，有各种方法可供使用。"[1]他们不会为了一个空洞的原则而牺牲现实所要求必须给出的正义，我们也找不到任何方法能真正实现对法官的绝对限制（罪刑法定原则本身提出了一种无法实现的绝对要求），除非将执法的活动变成完全由机器操纵的过程（像西方行为主义法学所构想的将审判过程变为一台"自动探测仪"的运转）。但法官们既非机器也不是神，他们同我们一样是生活在情感现实中的人，同样也是靠感觉、凭良

---

〔1〕 ［法］达维德：《当代主要法律体系》，漆竹生译，上海译文出版社 1984 年版，第 110 页。

心而行事。一位西方学者就此谈道："现代社会'法治'的独裁主义性质一点也不比前现代社会的人治逊色；……但它为此而采用的手法却如此复杂而间接，使得旁观者如堕雾中。"[1]这段话虽不免有些言过其实，但其中不乏事实的成分。

取消类推的一个真实而难以直接阐述的理由就是它太麻烦——不但在理论上造成许多麻烦（名分不好又纠缠不清且影响理论体系的完整性），而且在实际操作上更添麻烦。这也正是实践中类推案件极少而破坏法治、背离罪刑法定原则的案件极多的重要原因所在。实行类推的十几年间我们直接"依法"处理的案件又有多少是真正有"明文规定"的呢（保守的估计至少会有若干万件是没有"明文规定"的）？允许类推都没有人愿意报类推，不允许类推岂不一切都顺理成章了吗！在这个意义上我们可以导出结论：取消类推制度将驱使法官们无所顾忌地对罪刑法定原则进行更大的破坏（要求适用类推程序由最高人民法院审查是否属"明文规定"或是否属"最相类似"本身也是被告方所能提出的一种抗辩理由）。

立法上如果保留类推并在司法运作中实事求是地极力推行这一制度，非但不会削弱罪刑法定原则，反而会大大加强该原则。"自由裁量权的地位以及它所引起的那些法律问题，直接取决于官方行为的各种可变的社会场合。自由裁量权并不一定助长无限制的权威。它极有可能如此，但那只是在权力脱离于社会结构、并由此而丧失

---

〔1〕 ［美］诺内特、塞尔兹尼克：《转变中的法律与社会》，张态铭译，中国政法大学出版社 1994 年版，第 5 页。

对社会共同所涉及事务的调节作用的时候。"[1]类推的严格推行将迫使基层的法官们在固有的法律中仔细斟酌寻找所谓"最相类似"的条文，并将自己的推定理由交由复杂的审查程序逐级验证，直至最高人民法院核准——对各级法官们行使的推断权力严格审查并层层制约。这对法官们真正做到依法办案（既应依照实体法也应严格依照程序法）具有重要的促进作用。并且，最高人民法院在审核类推案件的过程中可以不断掌握新情况、创造新判例；既适应了现实生活的需要，也为立法积累了宝贵的资料。

我们不妨将视野投向世界两大法系——两者同样是强调以法治国，但在实行法治的技术和观念上却存在重大的差别，思考这种差别会在类推问题上带给我们许多启迪。大陆法系以成文法为法律的基本模式，其强调的是以成文法对国家进行治理，要求人们以国家的制定法为行为规范，在刑法领域内自然会鼓吹罪刑法定原则并排斥类推——说到底这是大陆法系赖以存在的基石并随之派生出的技术性要求。英美法系以判例法为法律的基本模式，其说以法治国其实只是一个空洞的口号。它事实上要求人们尊崇的是从判例中透析出的善良百姓们的伦理道德信条，所谓的法律很大程度上只是一种通过民主程序（主要是陪审团制度）随机表达出的一定社区的价值观念——生效的判决对以后的行为就是法律，大家以此为规范而修正和选择自己的行为。由于英美法系中现象上并非是法官造法而是

---

[1] ［美］诺内特、塞尔兹尼克：《转变中的法律与社会》，张志铭译，中国政法大学出版社 1994 年版，第 17 页。

由代表公众的陪审团直接造法，于是判决自然就具有难以动摇性和不可抗拒的效力——"造法"的灾难或幸福都由公众们自己承担和领受。法治技术及观念的世俗化和民主化使英美法系似乎并不拘泥于迂腐教条的罪刑法定原则和产生令人头疼的类推问题。

对两大法系的不同"法治"进行一些比较和思考，我们大可不必为世人是如何挖苦我们的类推制度而担心。中国有中国的国情，其复杂性可以说世界上的任何一个国家都无法相比，而今天我们所处的变革时期更加剧了这种程度。拥有 13 亿人口却又在国家结构上采单一制的泱泱大国，一部刑法通行天下本身就会产生许多不适应、不合理和不完善的现象，更何况"制定法规解决人类冲突是公认的人类所担负的最艰难的任务之一。在那些似乎有理的辩论在相反方向取得进展的实例中，有一种凭借法律官员所谓的常识这种势不可挡的趋势。也许没有任何一个审判制度应该力求完全取消自由裁决，但是把责任基本原则所重视的权力交给法律官员们的美德，这应是采取的最后一种手段。自由裁决不应该被称作是一种解决方法，而只应该作为没有解决方法的一个替代手段"[1]。在现阶段，保留类推应该说是从立法上对制定法的弊端所能做到的最大限度和最有效的弥补——我们应当理直气壮地阐明这一点！

须说明的是，上述对两大法系的比较分析似乎对英美法有所偏向，但本人其实对英美法系并非极力推崇，而只是肯定其直接表达

---

〔1〕〔美〕胡萨克：《刑法哲学》，谢望原等译，中国人民公安大学出版社 1994 年版，第 74 页。

世俗价值观念的做法。事实上英美法系的判例法带有相当大的随机性和任意性，往往缺乏深思熟虑的理性设计，故较之于大陆法系更多的出现严格责任原则、法人犯罪、大规模适用罚金刑、犯罪外延泛滥等弊端。1995 年 10 月美国加利福尼亚州最高法院对加州公民辛普森谋杀案作出了无罪裁决，举国上下一片哗然；在白宫，表情严肃的克林顿总统要求美国人民尊重陪审团的裁决。这场被美国新闻界所宣称的"世纪审判"即是英美法系审判制度的典型写照——既显示出长处也暴露出弊端。假若该案交由专业法官们作出裁决，那不管是判有罪还是无罪都势将引起骚乱，而由陪审团作出决定则非常有效地化解了冲突；但正因为这一点，陪审员的感觉、良心甚至一时的情绪完全代替了需具较高专业水准的执法，使判决被抹上一层浓烈的"主观"色彩。

美国法学家庞德指出：法律的历史始终是在推崇广泛的自由裁量权和坚持严格细致的规则之间来回摆动，"一个法律制度之所以成功，是由于它成功地达到并且维持了极端任意的权力与极端受限制的权力之间的平衡。这种平衡不可能永恒地保持。文明的进步会不断地使法律制度丧失平衡。通过把理性适用于经验之上，然后又恢复这种平衡，而且也只有凭靠这种方式，政治组织社会才能使自己得以永久地存在下去"[1]。良好的法律制度应当是对两大法系的合理内核都有所抽取：大陆法系所偏重的是在实体法中求取具有

---

〔1〕 转引自［美］博登海默：《法理学——法哲学及其方法》，邓正来、姬敬武译，华夏出版社 1987 年版，第 142~143 页。

象征意义的程序公正——直接倡导维护的是法律自身的权威性和平等性；而英美法系偏重的是在程序法中求取具有现实意义的实体公正——直接倡导维护的是公众价值观念和社区秩序。二者的兼顾可以形成这样一种法治模式：立法只能是由民众的代表们在复杂的制衡机制中完成，由此形成全社会必须遵守的行为规范；而司法的活动应当允许有相当的灵活性，法官和陪审团在一定范围内可以随机解释法律甚至造法，以满足民众们时时变化的情绪和观念，但这必须经由类似于类推的严格程序来批准。法律中两个重要的成分即象征与实际的结合，将是所有法律工作者永恒的课题。

类推制度的存在作为一种从实体到程序自成体系的子系统，它反映出适合于更大系统状态的价值。由对类推制度的论证，我们似乎可以瞻望到一点在未来建立了良好的民主制度、有着高度的精神文明和具备先进的物质技术的社会条件下，法律制度中实体法与程序法相融合的端倪。这种融合将会偏重于程序法——在精密的程序中直接求取实体的规范及实体问题的解决。

目前我国法学界流行一种看法，即认为人类未来的法律模式将是英美法系向大陆法系靠拢——更多地走制定法的道路，因为这是寻找"科学的方法"的必然要求和趋势。但其实这应该说是一种误测。人类未来的发展必然是走民主政治的道路，这是今天不会再有人怀疑的大趋势。在这种制度中，"民主的精神"显然重要于所谓"科学的方法"，而唯有从民主的精神中才能真正提炼出科学的方法。

随着民主制度在观念和技术方面的日益完善，民众们对自身秩序的管理将日趋世俗化、直接化；成文实体法的作用将逐渐弱化，法定的行为模式只会仅余参考、咨询的意义而不再具权威性和强制力（这一倾向在刑法领域将最为突出）；判决将由出租车司机、售货员、清洁工、教师们根据自己的社区生活经验及价值感受直接作出，法官们将会转变职能成为纯粹的仪式（程序）主持人。而所谓的实体法，其本质不过是流动的人心。

59. 事物性质的模糊性问题

与罪刑法定原则相联系，在刑法的执法操作中颇感困难的一个问题便是概念及事物性质的模糊性问题——将法律的规定与实际生活中的行为相对照分析时，总会有一部分行为的性质无法获得清楚明确的结论（事实状态本身却是清楚明确而无争议的），于是便产生所谓的"模糊性"问题。

司法过程中的模糊性一般表现为两类情况：一类是程度的模糊性，另一类是条件的模糊性。[1]所谓程度的模糊性，又称量的模糊性，或称关节点问题（在哲学和自然科学中又称临界点），是指在一事物由量的积累达到度的关节点转化（质变）为另一新事物的过程中，其转化的"度"是难以量化、难以把握的。如本书第36小节谈到的一般违法行为与犯罪行为的关节点问题，类似问题在刑法

---

〔1〕 关于模糊性的分类，参见［美］阿尔斯顿：《语言哲学》，牟博、刘鸣辉译，生活·读书·新知三联书店1988年版，第194~202页。

中比比皆是，如对"着手"与"未着手"的认定，"正当"与"过当"的判断，"轻伤"与"重伤"的区分，等等。所谓条件的模糊性，是指在运用某一概念时，必须满足多方面的必要条件，而这些条件的一部分甚至全部本身却是不确定的。刑法中的许多概念都具有这种意义的模糊性。如分则中每一种犯罪的认定，从大的方面看要求满足四大要件——四个必要条件的规定性，但事实上每个条件本身的具体内容却往往并不确定；总则中诸如犯罪预备、犯罪未遂、犯罪中止、犯罪集团、教唆犯等许多重要概念，其在适用条件上或多或少总带有某些不确定性。

"模糊性"是一个令司法者们十分头疼的问题，对这一问题越认真的人往往越感困惑；求取明确是非结论的讨论最终将陷入一种见仁见智、永无可能找到"公理"的混乱局面。以对轻、重伤的区分为例：究竟达到什么程度才属重伤而非轻伤呢？根据有关的司法解释，打掉人体的 7 颗牙为重伤。这里且不论 7 颗的规定本身是否合理，就 7 颗这一衡定的量来说，事实上仍然是模糊的。假设打掉 6 颗，另一颗只是松动，或有点松动，或严重松动（被害人若要加责于对方便可自行拔掉），那还能认定为重伤吗？况且 7 颗牙对不同年龄、不同职业、不同体质的人可能意义差别极大。再以对教唆犯的认定为例：究竟需要满足哪些条件才足以认定，这些条件本身的规定性应如何设定，如何以这些条件区别于组织犯、传授犯罪方法罪。显然，这里每一层次对条件的解释都会带有某些不确定性。从上述分析中可看出，对这类问题的最终解决仅仅纠缠于问题本身是无济于事的。我们需要的并非是具体问题的答案（这永远会有争议），而是解决所有问题的根本方法。

西方当代的语言哲学及模糊学的原理为解决这类问题提供了一些基本的思路。按照语言哲学的提示：自然界及人类社会的万事万物本身是一种客观实在，它们就那样自然地以普遍联系的方式存在着，根本就无所谓什么概念、什么本质、什么界限、什么条件；这"什么"的一切都不过是精神的主体按照自己极为有限的认识能力、按照自己具体活动的现实需要"编造"出来的。人类的活动必须依存于活动的对象（动物的活动也同样如此），但人类的活动更是一种精神的创造。在精神的创造中便需要对活动对象进行认识、进行概括、进行分类，并通过语词及其他符号系统对这种"创造"进行记载、交流并世世代代传递，于是就产生了可供分析的概念、产生了概念的本质规定性、产生了适用概念的条件、产生了概念的外延、产生了外延与外延之间的界限。

人类无论是就个体、群体还是类的无限延续，无论是就自然科学还是社会科学，其认识能力相对于绝对无限发展的世界来说，注定是可怜和渺小的，永无可能获得彻底的认识。由于这一点，我们对任何概念的认识都只具有相对的意义——相对于我们的有限认识，相对于我们所要解决的大致问题，我们创造的概念便发挥出十分有效的作用；而相对于我们的精密思维，相对于所要解决的全部问题，我们创造的概念体系便会轰然倒塌、土崩瓦解。任何概念及由概念构造的体系始终都只具有相对解决问题的能力而绝无可能

"放之四海而皆准"。

所谓程度的模糊性和条件的模糊性，其实都并非客观事物本身模糊，而是我们所创造的概念系统自身不可能完整反映所指称的全部事物，我们在将概念系统运用于客观事物时便产生认识上的模糊。模糊性在根本意义上只是相对于人的主观认识才存在的，客观事物本身并不具有模糊或清晰的性质。

既然人类的认识能力注定了只能反映事物的大致面貌，那我们就大可不必去强求概念的绝对精密、去苦苦寻觅概念与概念之间的绝对分界线，因为这些绝对的东西本身就是不存在的。理解了这一点，司法过程中我们面对一些高难度的模糊性问题，就不必再绞尽脑汁地去区分界限、去无谓地争吵。

科学的认识论告诉了我们事情的真相，但人类的创造活动却并不会因此而气馁；而更具挑战性的是——刑法领域内要的就是非此即彼的绝对二值结论。法官们面对模糊的事物却不被允许实事求是地作出模糊的多值判断，而只能是根据法律所建立的具有相当模糊性的概念系统将生活中的实害行为逐一对号入座，再困难的案件也必须给出生杀予夺的明确裁决。

既如此，那么我们还得努力去寻找解决模糊性问题以求取二值结论的有效方法。所能运用的方法我想大致有二：

其一，首先我们应做的并且能做到的当然还是尽可能完善已有的法律概念系统。这个工作并非全部由立法活动完成，立法只能是构筑一个粗疏的概念模型，对其形成的巨大模糊性"黑洞"的填补则只能由司法者和法学家们来完成（法学家们事实上将起最重要的作用）。虽然我们无论如何努力最终也不可能清除法律概念的所有模糊性，但至少可以做到将其控制在一个较小的范围内。"我们也许认为，清除一个给定术语的所有含糊性，这是一个不切实际的目标。我们所能希望做到的，至多是渐渐地接近于清除含糊性。"[1]不能达到清晰但却能"最接近于"清晰，这便是我们争取的目标。具体来说，对程度的模糊性只能是从大局着眼，尽可能地设定一些可操作的量化指标，如设定贪污罪的定罪起点为5000元，设定盗窃罪的定罪起点为500元，设定不满14周岁的人绝对不负刑事责任。[2]有了这种量化的指标从个案看虽不尽合理，但却使绝大多数案件有了清楚明确的是非标准。对条件的模糊性则需要对满足概念的诸必要条件形成约定俗成的共识才能相对解决。这是一个更为困难、更为长期的求同过程。如对"犯罪集团"的成立条件的认识，究竟应设定几个条件，条件各自的规定性是些什么。虽然阐述条件的术语本身又会产生新的模糊性问题，但随着一步一步地消除分歧和模糊，我们最终还是可以"最接近于"清晰。

其二，我们换个角度来考虑问题。前面的论述都将思维定点放在"模糊性根源于人类有限的认识能力"上，按这种思路我们注定

---

〔1〕 参见［美］阿尔斯顿：《语言哲学》，牟博、刘鸣辉译，生活·读书·新知三联书店1998年版，第206页。

〔2〕 在年龄问题上的一刀切规定也并非达到了绝对的清晰。当"规定"适用于个别案件时仍可能产生模糊性问题，如行为人在14岁生日次日的零点前后实施抢劫行为。财产性犯罪的数额标准更易产生模糊性。

不可能解决全部问题，但司法领域内面对所有案件却又必须按法律概念系统给出是非结论。我们无路可退！既然这样，我们只好假设法律概念系统本身是清楚明确、界限分明的，模糊的事物不是法律概念系统而是生活中千千万万杂乱无序的实害行为；当我们以清楚明确的规范（概念系统）同实然的行为相比较时，行为本身或行为与行为之间呈现出一种性态的模糊性。20 世纪 60 年代中期由美国系统科学家札德所创立的模糊学理论便大体基于这个角度的思路形成。

按照模糊学的原理，"大多数事物的变化是通过一系列中介环节而从一极到另一极的，也就是通过使事物原有界限逐步模糊化而达到超越原有界限的。处于过渡阶段的事物的基本特征就是性态的不确定性、类属的不清晰性，也就是模糊性"。[1]从这段论述可看出，模糊学是将模糊性归结为客观事物本身所具有的一种属性，被认识的事物则称为"模糊事物"，所讨论的内容其实仅限于前文所称的"程度的模糊性"，并不包括"条件的模糊性"。

我们以西方逻辑界著名的"秃头悖论"为例：秃头为一事物，非秃头（满头黑发）为另一事物；而从秃头向非秃头的转化过程中其关节点（一定量的头发）在哪里呢？显然这里便出现关节点的模糊问题，处于关节点区域的"头"产生了"性态的不确定性、类属的不清晰性，也就是模糊性"，即性态非此非彼、亦此亦彼——既不是秃头又不是非秃头，既是秃头又是非秃头；若要强求非此即

---

[1] 苗东升编著：《模糊学导引》，中国人民大学出版社 1987 年版，第 26 页。

彼的二值结论则只会使我们的认识无所适从。再以刑法中的"着手"为例：未着手为一事物，着手为另一事物，两者之间的转化界限应如何确定呢？尽管我们在理论上可以设定一些具体的识别标准——如设定"着手"的标准为接近犯罪对象，然而又何为"接近"呢？解释模糊性的词语便又产生了新的模糊性。假设被告人欲撬开某公司的保险柜盗窃钱财，而保险柜在 18 楼一个套间里间的角落处，那在哪个环节上可以视为接近犯罪对象已经"着手"呢？走下汽车、走进大楼、走进电梯间、走出 18 楼电梯、走到套间门口、掏出工具准备撬门锁，在这每一环节的过程中被告人的行为都可能被其意志外的原因中断（如被抓获、被第三人打断）；假设对这类案件将着手的标准设定为"撬门"，那何谓"撬"何为"门"呢？用钥匙开门、推门（房主未关门）、撞门等方式算是"撬"吗？窗户、防护栏、雨棚、过道门能视为"门"吗？案件的情节是可以一点一点向前（或向后）假设的——生活中完全可能发生存在细微差别的不同案件，假设的结果便会使我们的理论体系为之崩溃、全无用场，于是处于关节点上的行为便陷入模糊之中。

模糊学面对上述模糊的多值性态问题以数学方法仍可求取非此即彼的二值结论，其大体原理为：对模糊事物先设定模糊论域，以"秃头悖论"为例，设定有 100 根以下头发为无争议的秃头（如有争议还可减量）、有 1000 根以上头发为非秃头（也可增量），则从 100 根到 1000 根之间便为模糊论域，即处于这区间头发数量的头的性态模糊、难以界定；然后再引入隶属函数概念，通过模糊集合的有关运算和变换，对模糊论域的事物进行定量分析，最后求取到非此即彼的二值结论。模糊学中的模糊集合方法由于过于复杂，本书无力涉及。青锋先生在《犯罪本质研究》一书中作了一些尝试性的分析工作，但离中国的司法现状仍显艰深遥远。[1]更何况刑法中的许多行为其要素是难以量化的。我们在这里只能就中国司法界目前的理论水平及操作经验提出一种简单可行的方法。

所谓简单可行的方法，即对处于模糊论域的案件（程度的模糊性）统统按"谦抑原则"（我国司法界俗称"就低不就高"）处理；既然是程度（量）上的模糊，我们便可退一步对行为作出有利于被告人的性质认定。这既是罪刑法定原则的要求（谦抑原则派生于罪刑法定原则），也与法律应有的宽容精神相符（参见本书第18小节）。以这样的姿态面对"模糊"，我们便始终可以求取到清晰的二值结论（谦抑原则对条件的模糊性并不适用，解决这一问题尚无权宜之计）。

第二节　概念刑法学与刑事法律关系

60. 刑法学的门类划分

上一节中我们对刑事违法性的由来及由该属性派生出的犯罪构

---

[1]　参见青锋：《犯罪本质研究——罪与非罪界说新论》，中国人民公安大学出版社1994年版，第134~144页。

成问题进行了分析，到此为止，对犯罪概念的三重属性基本含义的论证已大体可告结束。对本书前面部分的所有内容进行概括，笔者斗胆认为可以形成一系列新的观念、理论和方法，而紧紧围绕犯罪概念所建立的全书框架结构将有可能形成一个有别于传统刑法学的新的学科体系。

从本书所涉及的内容来看，运用了哲学、元伦理学、社会学、政治学等多学科的原理和方法，对犯罪三性的来龙去脉作了较详细的分析。它既不属于紧扣条文的注释学说，也不同于依靠法学基础理论的若干基本概念（如法律关系、法律事实、权利、义务、权利主体、义务主体、法律责任，等等）连接而构成的概念法学。我想像真正的理论刑法学无非就是这些内容。

按本人对刑法学门类划分的设想，可将刑法学按研究内容的层次细分为三个类别：一是面向司法实际而运用注释方法专门研究实在法条文的注释刑法学；二是为注释学说提供概念、原理及方法的概念刑法学；三是面向立法及司法的观念方面运用人文科学多学科的原理和方法研究刑法基本理论问题的理论刑法学。虽然任何学科的成立都须具备自身特定的研究对象——而上述三个门类各自的研究对象似乎都离不开犯罪与刑罚，但仔细分析不难看出三者的侧重点各有不同：前者为条文规范中以模型形式存在的静态的犯罪与刑罚，中者为法律关系中动态存在的突然的犯罪与刑罚（抽象为概念加以研究），后者为立法观念上存在的应然的犯罪与刑罚。

当然，上述划分同任何划分一样只具有相对的意义而没有绝对的界限，它们只是对所研究的问题划定一个大体的层次。事实上在研究过程中我们往往并不局限在某个特定的层次上，思想的精灵总是随感觉、随想象、随情境自由地跳跃；我们所研究的究竟是"模型"还是"原型"也常常无法区分、难以澄清。尽管如此，但并不影响各个门类相对独立体系及内容的成立。

由上述设想去观察，传统刑法学其实是注释法学与概念法学相混合的一种学说体系。它以注释学说为主，同时因为"注释"本身需要一系列法条以外的相互配套的概念，所以它又大量穿插概念法学的内容。由于传统刑法学是以注解条文应付实际需要为主要研究方向——整个学科体系的设置考虑的是对应刑法典的篇章结构、各个章节的安排考虑的是对应某某条文，所以它不可能以太多的篇幅对若干概念本身的内涵和外延进行深入细致的分析（只能下一些模糊定义，以满足注释需要为限）——否则将失去与条文的对应性和务实性。由此而导致所使用的许多重要概念缺乏精密性和完整性，相互之间矛盾冲突；未能考虑与整个法学体系的协调而对基本概念另作为我所需的解释，造成刑法学在基础理论研究方面始终处于一种自立门户而又较为混乱的局面。

由于这些问题的存在，使得许多重要课题的研究不能深入下去。对复杂问题往往采取含糊简单的方法处理，如对犯罪客体的论述；而对相对简单的问题有时却又搞得非常复杂（指近年来我国刑法界的研究倾向），如对刑事责任的研究。[1]如果能够根据法学基础理论的原理及概念建立起系统的概念刑法学，则许多长期使我们感到困惑且纠缠不清的概念问题便可以迎刃而解。

对建立概念刑法学的想法本人已经酝酿了好多年。20 世纪 80 年代初期（1981 年至 1984 年）在对刑事法律关系进行系统研究时就萌生了这个念头，觉得有必要以刑事法律关系为核心和框架建立一个有别于注释刑法学的新的学说体系，以一定程度摆脱单一的注释局面而对若干基本概念专门进行研究。但后来由于在对"社会危害性"和"应受刑罚处罚性"进行考虑时却发现无法将它们包容在刑事法律关系的体系中，于是又转向对面临的更棘手、更重要的问题进行研究而将"刑事法律关系"搁置一边。现在借本书的发表机会又重新将这个课题摆上案头稍加整理补缀于此，算是对刑法学各个门类的内容勾画一个粗的轮廓。

61. 刑事法律关系的三大类型及相互间的转化

任何法律都是调整一定社会关系的行为规范，刑法亦不例外；所谓刑事法律关系就是指刑法所调整的社会关系。刑事法律关系本身是一种客观存在的现象，对该现象的论述和研究应该说是刑法学中一个基本的理论问题；对调整的社会关系（即调整对象）的研究

---

〔1〕 就整个法学界基本上不存在分歧的看法，法律责任来自于对法律义务的不履行；由此推论，刑事责任则简单地来自于对刑事义务的不履行。传统刑法理论由于缺乏对刑事义务概念的分析，故刑事责任概念就成为无源之水、无本之木。

向来就是各个部门法理论立论的基本着眼点。研究刑事法律关系的形式和内容，掌握其内在的运动规律，有助于阐明刑事立法的宗旨；确认刑法在整个法律体系中的特殊地位并在立法过程中加以注意，有助于确定刑法理论中一系列基本概念的确切含义，对这些概念所组成的刑法理论体系的精密化和科学化亦有益处。

生活中人们总是要适应自然和社会的环境彼此间结成一定的社会关系而活动。这些关系由于是在人与人相互依存的环境中形成的，其必然具有与群体相联系的性质，所以任何社会关系本身也就成为社会秩序的组成部分，必然会对国家所力图维持的管理秩序产生不同的作用。这些作用有积极的，也有消极的，有促进的，也有破坏的；国家的存在本身就意味着对社会的管理，国家势必采取一切可行的手段以积极干预和调整这些关系，尽可能地将之纳入其既定的轨道。这些手段包括政治、经济、法律、舆论等多种方面；法律手段是现代国家调整社会关系的最有效手段，而刑法则又是其中最严厉的一种。一旦某种社会关系受到法律调整，它就上升为法律关系，并且为何种法律调整即可命名为何种法律关系；于是在这种意义上可以将刑法所调整的社会关系命名为"刑事法律关系"。

刑事法律关系按其形式和内容的不同可以分为三个类型：一是基于刑法规定的权利义务规范而在权利主体和义务主体之间产生的社会关系，即刑法理论界通常所称的"刑法所保护的社会关系"，由于"保护的社会关系"这个提法不准确（理由后文将作论述），故本文改称刑法规定的权利义务关系，可简称为刑权关系；二是基于犯罪行为的实施而在犯罪主体与受害主体之间形成的社会关系，简称为犯罪关系；三是基于国家司法机关的判决而在国家和受罚主体（犯罪主体）之间结成的社会关系，简称为惩罚关系。在现实生活中客观上存在着以上三种符合刑法规范的社会关系，它们也就是刑法所调整的对象。下面我们对这三大关系各自的形式和内容及相互间的转化过程，作一些具体的分析。

（1）刑权关系。按照法理学的原理，任何法律关系都可以归结为一种权利义务关系，只不过在不同类型的法律关系中权利和义务所表现的形式和内容各有不同。国家采取刑事立法的方法将各种重要的社会关系从现实生活中抽象出来，以权利与义务相统一的形式规定在刑法规范中，要求社会中每一个有行为能力的自然人都对其自身以外的所有自然人、对集体（取广义）和国家所享有的权利承担不得侵犯的义务。刑法一旦生效，刑事法律关系中的第一层关系即刑权关系就事实上在人们相互之间形成。刑权关系的产生并不有待于某个具体法律事实的出现，它是直接基于国家的刑事立法行为而带有一定强制性所结成的。刑权关系一方面是人们共同生活基本准则的反映，另一方面在很大程度上也注入了国家维持管理秩序的新的要求。

刑权关系是两个主体之间的权利义务关系。在关系中一端是被赋予各项特定权利的权利主体，另一端则是被要求承担相对义务的义务主体。作为刑法意义上的权利主体有自然人、集体和国家。根据我国《刑法》第 2 条和第 13 条的规定，三者所享有的刑事权利可以归纳为：自然人享有人身权利、财产权利、民主权利和其他权利；"劳动群众集体"享有财产权利；国家享有政治权利（可解释为权力）和经济权利。事实上这些权利在宪法和其他法律中也大多都有规定，只不过在刑法规范中被进一步刑法化了，受到了刑法的特别保护，上升成侵犯其应受刑罚处罚的权利。我们将这种权利称为刑事权利，以区别于单纯的民事权利、诉讼权利及其他权利。法律领域内对同种权利的保护本身具有多个层次：宪法规定了各种基本权利，是诸法（各个部门法）之首；而刑法则将各个部门法规定的具体权利刑法化，是诸法之后盾。刑法是以刑罚为手段的，所以它对权利的保护较之于其他法律手段更为有效、更具彻底性；它以最严厉的制裁方式保证诸法（包括宪法）得以最大限度地实现。

作为刑权关系中的义务主体只能是有刑事责任能力的自然人（法人不应成为刑事义务主体，即不构成犯罪），集体和国家都只享有刑事权利而不承担刑事义务。这种权利与义务的不对等不足为奇，其他法律领域内亦有此现象。从法律体系的全局来看，三者相互之间的权利义务在总体上一定是对等的。

刑权关系中的义务（即刑事义务）是刑法对义务主体所要求的不得侵犯他人、集体和国家的刑事权利的一种自我约束。这种约束，依靠刑法的威慑力和强制力、通过义务主体的内心理念支配作为或不作为的行为得以实现。在绝大多数情况下刑事义务均属不作为的义务——义务主体只需消极地无所作为即视为予以履行；个别情况下（不作为犯罪中）刑事义务属作为的义务——要求义务主体实施积极的行为予以履行。传统理论在对刑事义务分析时只注意到不作为犯罪前提条件中的积极义务，而对作为犯罪前提条件中的消极义务则完全略去不提，使对刑事义务的论述残缺不全而不得要领。

从我国刑法的字里行间可以概括出多方面的刑事权利义务规范，如与生命权利相对应的是不得剥夺他人生命的义务，与财产权利相对应的是不得非法侵占的义务，与国家机关财产申报的权利相对应的是国家工作人员必须以积极行为说明财产来源的义务，等等。从这些权利义务规范的内容可看出，刑法的首要意义并不在于实际地制裁犯罪，而在于规范关系以防止犯罪——提供"观念性的指导形象"，要求人们切实履行自己所承担的不实施犯罪行为的义务。对追求大功利目标最有效地维持社会秩序来说，国家应更看重刑法功能的这一面——对刑权关系的规定和调整；假若刑权关系能够得以最大限度地普遍实现，那么社会秩序也就最大限度地趋于稳定。

（2）犯罪关系。刑权关系的建立使人们能够正常地进行社会活动，权利能得到保障，义务也能够履行，社会由此而按照国家意志趋向于平衡的状态。但这种平衡只是相对于抽象的、总体的刑权关系而言的，就具体的、个别的刑权关系来说，事实上总有一些处于不平衡的状态、总是要被破坏的；没有这种"不平衡"和"被破坏"，刑法也就失去了存在的意义（只需要伦理道德的教化）。现实生活中一些刑权关系的义务主体总是有意识不履行自己所承担的刑事义务，而对权利主体所享有的刑事权利进行侵犯，以实现自己的不法利益。作为这种行为实施的反应，原有的和谐的刑权关系遭到破坏，自身发生质的转变；在原来的权利主体与义务主体之间形成了具有犯罪属性的新的社会关系——犯罪关系。

由于在刑权关系中出现了犯罪行为这一新的法律事实，于是刑权关系转化为犯罪关系；这种转化在法理学中被称为法律关系的变更（违法关系也仍然是一种法律关系）。刑权关系变更后，原有关系中的诸要素分别发生性质或形式的转变。原有关系中义务主体所履行的刑事义务在主体自觉的犯罪意志（犯罪过失也属一种自觉意志）支配下主动地转化为犯罪行为。在这里，同一主体的行为发生了质的转变——由符合法律意志的义务行为转变为与法律意志相对抗的犯罪行为。该主体的社会地位也发生了质变——由义务主体转变为犯罪主体。而原有关系中权利主体所享有的刑事权利则作为犯罪行为的承受体而被动地转变为犯罪客体。犯罪客体是以刑事权利为其基本内容的，是刑事权利形式上的转化形态。从"权利"的实质看二者并无不同，只不过在形式上犯罪客体是一种受到侵害而变形的权利，因此，这里只是发生了形式的转变。与权利的转变相一致，权利主体也同时在形式上转变为受害主体——成为"被害人"（对被害人取广义，包括集体和国家）。

（3）惩罚关系。犯罪关系的形成是与法律意志根本冲突的——犯罪本身就是危害法律秩序的最严重的行为；国家势必采取与之相适应的最严厉的手段来解除这种关系，对关系中的犯罪主体进行惩罚，以恢复受害主体的权利。国家运用其政权的强制力，通过司法机关的判决（可理解为一个导致法律关系变更的新的法律事实）直接与犯罪主体结成惩罚关系。在这里，原有犯罪关系中的受害主体让位于国家主体，其受损的权利直接被视为一种国家的利益，国家直接出面对犯罪主体进行惩罚和改造。而原有关系中的犯罪主体则质变为受罚主体，犯罪行为也质变为被强迫接受惩罚的行为，成为一种特定条件下的法律义务——刑事责任。国家强制罪犯承担刑事责任的根本目的是将罪犯改造成为对社会无害的人（死刑另当别论），使其犯罪的意志向法律意志归化，从而在刑罚执行完毕后"重返社会生活"能够自觉地再次履行刑事义务，以恢复其同他人、集体和国家之间的刑权关系。

从以上论述可以看出，刑权关系、犯罪关系和惩罚关系是刑事法律关系的三种基本类型；三者首尾呼应、连接一体，贯穿于刑法运作的全过程。它们一方面各自独立存在，另一方面又紧密联系，在特定的环境中处于一种相继转化的状态之中——刑权关系转化为犯罪关系，犯罪关系又转化为惩罚关系，[1]惩罚关系则又复归于刑权关系，由此完成一次诸关系的循环。这种循环又是按照严格的相继联系进行的，前关系总是后关系的必要条件，无前关系必无后关系，但有前关系却不一定有后关系（就实在的具体关系而言），转化中决不允许出现交叉或颠倒的情况（出现即为错案）。这些就是刑事法律关系运动的基本规律。

---

〔1〕 事实上在犯罪关系与惩罚关系之间另外还穿插着刑事诉讼法律关系——只有通过一定的诉讼程序才能消除犯罪关系而结成惩罚关系。由于本书只论及实体法上的关系，故将程序法上的诉讼关系略去不计。

62. "刑法所保护的社会关系"的提法不妥

各个版本的刑法教科书在论及刑法的任务和犯罪客体时总是提到"刑法所保护的社会关系"这一概念。既曰"保护的社会关系",那总是意味着该社会关系的整体会受到外来的侵害,总是相对于该社会关系以外的侵犯力量而言,否则"保护"便无从谈起。但事实却并非这样,道理有二:

其一,相对于刑法所保护的对象,刑法所防卫的对象只能是犯罪行为;犯罪的行为发自犯罪的主体,而犯罪主体则本身是社会生活中活生生的人,是社会关系具体和现实的主体。他在生活中时时刻刻与自身以外的所有人(包括集体和国家)发生千丝万缕的联系,进而形成错综复杂的社会关系。这些关系有的是以其个人的意志为转移而形成,如犯罪关系;有的是由国家意志(通过法律)强制结成,如刑权关系——基于刑法规定的权利义务规范形成主体之间的权利义务关系。在这里,刑法对违法关系(犯罪关系)是打击、是设法消除;对合法关系(刑权关系)则只是作规定、作调整而并非对关系的整体形式进行保护。刑法只有对关系中的权利要素才考虑的是"保护",而对义务则是带强制性地要求无条件履行。笼统地称"刑法所保护的社会关系"是不准确的。

其二,犯罪主体原本是刑权关系中的义务主体,而不是与刑权关系无关的局外人;当他不履行自己的刑事义务而实施犯罪行为时，所侵犯的并非其自身以外的社会关系而是其所置身的刑权关系中对方主体所享有的刑事权利（只有局外人——关系以外的力量才可能对关系的整体本身进行侵犯）。由于犯罪行为这一新的法律事实在刑权关系中出现，使之转化为犯罪关系。注意：这里只是刑权关系自身因素引起的质变，而不是相对于"保护"的外来力量所致。犯罪的行为只能是发自被破坏的社会关系内部而不是来于外部。不管在法理上还是在逻辑上，"刑法所保护的社会关系"的提法都不能自圆其说，应该是称"刑法所规定的权利义务关系"——刑权关系。

63. 犯罪客体是一种"权利"而非"社会关系"

犯罪客体究竟是指什么？传统的刑法理论认为是指"刑法所保护而为犯罪行为所侵害的社会主义社会关系"。[1]根据这个定义，按照形式逻辑概括概念的推演方法可将犯罪客体概括为一种社会关系。但同是一本教科书在论述同类客体和直接客体时，又将犯罪客体称为一种"权利"；如"侵犯财产罪，同类客体是社会主义公有财产权利和公民私人所有的合法财产权利"[2]，"杀人罪的直接客体是他人的生命权利"[3]。在这里，社会关系和权利实际上被视为同一的概念（不同语词表达同一概念）。

---

〔1〕 高铭暄等：《刑法学》，法律出版社 1982 年版，第 106 页。

〔2〕 高铭暄等：《刑法学》，法律出版社 1982 年版，第 111 页。

〔3〕 高铭暄等：《刑法学》，法律出版社 1982 年版，第 112 页。

按照法理学的基本原理，权利只是社会关系（限制解释为法律关系）中的要素之一而非社会关系本身；权利虽体现着社会关系并一定依附于社会关系，但二者决不能混为一谈。在泛泛的意义上权利可以说成是社会关系，但在刑法学对基本概念下定义时却不能这样马马虎虎，否则由此将造成一系列的混乱。对犯罪客体定义的解释，关系到刑事立法用语的选择、关系到刑法分则结构的安排、关系到刑法理论中由该概念而推导其他概念的问题。

犯罪客体究竟是指"社会关系"还是指"权利"？从前一小节的论述中已经可以得出结论：犯罪行为直接指向的是刑法所保护的权利（刑事权利），那犯罪客体当然是指刑法所保护而为犯罪行为所侵害的权利；只要刑事法律关系的论点能够成立，这个定义便是无可非议的。[1]这里我们对犯罪客体问题进行深一层意义的探讨。

社会生活中人们总是需要与一定的物发生联系，形成一种人对物的支配役使关系。这种支配关系是人们赖以生存和发展的必要物质条件。正因为这种关系对人类生活的极端重要性，所以国家对之大多以法律的形式进行确认并加以保护——成为人们对各种特定物带有"权利"标记的支配权关系。这种关系因物而发生，但其意义却并非对物而是针对社会、针对人的；意义的核心要点就是要求他

---

[1] 由于概念刑法学中研究的是实然的犯罪关系，故这里犯罪客体的定义包含"犯罪行为所侵犯"的事实要素；而注释刑法学由于研究的是犯罪构成的模型，故在模型中以孤立要件形式存在的犯罪客体的定义仅为"刑法所保护的权利"。参见本书第56小节。

人不得妨碍物主同物之间的特定联系。这种经国家确认并以强权为保障的对物的垄断关系也就成为一种对世对人的绝对权利。

在犯罪中，犯罪行为虽触及的是物，但其社会效应却是妨碍或切断了物主（权利主体）同物之间的联系——侵犯了物所承载的权利。行为所侵害的特定物本身体现着刑事权利的意义，行为便会相对于这种意义而获得犯罪的社会属性；反之，如果特定物并不体现刑事权利的意义，那么行为无论对其施加何种侵害也不会获得犯罪的意义；行为的基本性质及具体的罪名完全是随着其所侵害的特定物所具有的权利意义而转移的。

同类物体，在任何社会形态和历史条件下其自然属性都是不变的；尽管会有进化和发展，但小麦始终是小麦，人始终是人，基本的性质不变。但其社会属性则不同，它是随着社会价值观念及国家意志的变化而变化的，表现为不同时期国家通过法律允许人们可以这样或那样地实施支配其的行为——行使对物体的权利。例如：人的身体的生理机能在奴隶社会和现代社会都是相同的，即人的身体的自然属性不变，而其社会属性则不然。奴隶社会居社会多数的奴隶对自己的身体并不享有支配和得到保护的权利，他们只是作为会说话的牲口而被主人任意奴役和宰杀；而他人"杀死一个奴隶可能只被看作公共资源的浪费或是对主人（奴隶是其财产）的犯罪"，[1]即奴隶的人身只被视为是一种有形的财产——加害有主的奴隶则属

---

〔1〕［英］哈特：《法律的概念》，张文显等译，中国大百科全书出版社1996年版，第196页。

于侵犯主人财产权利的犯罪，加害无主的奴隶则只能认为是"公共资源的浪费"。今天的时代根据宪法的赋予和刑法的具体保护，人们对自己身体享有了支配和得到保护的权利，任意加害公民人身的行为会被视为犯罪而受到惩罚。由此可见，在不同的历史时期，人的身体的社会属性是各不相同的。

由于同样自然属性的物体在不同时期会具有不同的社会属性，所以要确定作用于某一特定物的行为的社会属性（行为的犯罪性质属于社会属性的范畴），仅从被作用的特定物的自然形态上是难以捉摸的，而只有从这个特定物在当时被法律所赋予的社会意义的考查、从特定物同特定主体的联系的分析中才能实现（这里仅仅是从法律的角度考查行为的社会属性，而本书第一章的内容则是从社会生活多方位的角度去考查行为的社会属性）。行为"犯罪"的社会属性只有从行为所作用的特定物本身所体现的刑事权利的意义中才能对应地反映出来。根据上述理由，刑法理论上应将受犯罪行为侵害的刑事权利看作是犯罪客体、将犯罪行为直接作用的物看作是犯罪对象。

64. 犯罪对象存在于所有的犯罪之中

由以上论述又可以引出一个问题：既然犯罪行为直接作用的是物，犯罪客体是这种物所体现的刑事权利，那不就意味着犯罪行为都要作用于特定的物（犯罪对象）才能进一步引申出侵害刑事权利的意义吗？这是一个与我国刑法界长期以来形成的定论不相一致的观点，定论认为"有不少犯罪没有犯罪对象"〔1〕。对两种不同的观点我们进行一些分析。

任何权利，都是在人们赖以生存和进行社会活动的特定的物基础上抽象产生的，国家不可能凭空创立没有特定物作为基础的权利来加以保护。这个特定的物只能是一种客观实在的事物，是人们社会活动的对象，其在刑法意义上外延极其广泛。它包括人们在生活中所利用的各种物体、人本身的身体、公民和国家所实施的种种社会行为、公民的人格和国家的尊严等内容。社会生活中人们总是随时同这些因素发生联系，国家也正是在这些因素的基础上抽象出所谓的"权利"来加以保护。这些权利赖以产生和存在的物质和精神的因素——这种特定的"物"〔2〕，我们称之为"权利标的"〔3〕。权利标的实际上就是刑权关系的标的（客体），因为权利标的同时也就是义务标的；标的是权利义务的共同指向物，是权利义务的联系纽带。由于我们着重论述的是权利，故将刑权关系的标的具体称为权利标的，以使概念更明确一些。

权利——只是作为一种抽象的人为规定性而存在；权利标的——才是一种现实的客观事物。权利标的和犯罪对象是具有同样

---

〔1〕 高铭暄等：《刑法学》，法律出版社1982年版，第115页。

〔2〕 当"精神"作为人们认识和活动的对象时，其哲学乃至法律的意义均可视为"物"。

〔3〕 按照法理学的规范用语，这里的"标的"应称为"客体"，但由于这个客体同犯罪客体在理解时容易发生混淆，故本书借用民法理论中"标的"的概念，以相区别。

自然属性的物，它们在外延上是相等的。当犯罪行为实施时，其直接触及的是权利标的这个物，而其社会意义却是危及了该物同权利主体之间的联系，即侵犯了物所体现的刑事权利。这时，被犯罪行为触及的权利标的转化成具有同样自然属性的犯罪对象，而被侵犯的刑事权利则转化成具有相同社会属性的犯罪客体，两个转化都只是发生了外在形式的改变。于是，正如权利标的是权利存在的基础一样，犯罪对象也就成为犯罪客体存在的基础；犯罪客体存在于任何犯罪之中，而犯罪客体又不可能离开犯罪对象而单独产生和存在，由此推论，任何犯罪都必然是有犯罪对象的。换句话说：权利标的是权利和义务的共同指向物，刑事义务转化为犯罪行为后，刑事权利转化为犯罪客体，而权利标的（也是义务标的）则转化为犯罪对象。在这里，犯罪对象就成为犯罪行为和犯罪客体的共同指向物；离开了犯罪对象，犯罪客体和犯罪行为都根本无从产生。

我们从唯物主义哲学关于物质形态原理的角度也可以说明这一点。犯罪行为从广义上说是一种物质的运动形态，它除了本身所需要凭借一定的物质手段外，还必须依赖和作用于一定的物质环境才能进行；犯罪行为也只有在一定的时间和空间中才能对应地表现出自己的自然形态，于是犯罪行为就必然要对一定的时空环境发生影响。并且，犯罪人总是力图通过物质环境的改变来达到其行为的目的。这种犯罪行为所影响和作用的物质环境就是犯罪对象的表现形式。

犯罪对象存在于所有的犯罪之中，但在不同性质的犯罪中犯罪对象却各有其特定形式，从不同角度可进行不同的分类。从形态上看，犯罪对象有自然对象、社会对象和精神对象之分（这里借用哲学上将客体分为自然客体、社会客体和精神客体的分类方法，因哲学上的客体同刑法上的犯罪对象有着类似的"物"的意义）。自然对象包括各种天然物体和加工物体，人的身体也属于自然对象，系一种天然物体。社会对象是指自然人和国家实施的各种受刑法保护的行为，如公民参加选举的行为、国家工作人员执行公务的行为。精神对象是指人的理念状态，如人格、名誉及尊严（国家的尊严由自然人的理念所组合）。从结构上看，犯罪对象有单一对象和复合对象之分：单一对象是指以单独形式存在的对象，它既可以是一个物体，也可以是一种行为，还可以是一种理念状态；复合对象是指由各种因素集合而成的特定形态，如脱逃罪的犯罪对象是犯罪分子受监管的活动范围，这个范围就是由监规、特定区域、特定方式等因素所组成。

由于犯罪对象与权利标的具有同样的自然属性并具有同样的外延，所以权利标的也可以进行与犯罪对象同样的分类，但由于刑法理论上应强调的是犯罪对象的形式，故置于此处对犯罪对象进行分类。

犯罪对象形式的复杂多样导致认识犯罪对象的相对困难性，有些犯罪对象往往难以用文字准确地描述它的具体形态。并且犯罪对象在具体的犯罪构成的考查中也并非必须要确定的要件——任何具体的犯罪都有犯罪对象但并不意味着任何犯罪构成中都有犯罪对象的要件，这也正是实然的犯罪与犯罪的模型的区别所在，所以在处理具体案件时往往可以撇开这个因素不作考虑。但在理论上我们必须明确这一点。

65. 犯罪结果是犯罪对象的转化形态

犯罪结果究竟是指什么？传统的刑法理论所下的定义为："在犯罪构成中所说的结果，是专指犯罪行为对我国刑法所保护的客体造成的损害。"[1]该书后文又进一步将犯罪结果解释成一种受损害的社会关系。根据这种观点，刑法上的因果关系就应该看作是危害行为同一种社会关系之间的联系。这样一种泛泛的联系该怎样去掌握呢？按照生活中人们一般的理解，犯罪结果并非社会关系（也非权利），而只是一种具体的物质形态。显然传统理论在这里还存在着问题，对此我们继续进行一些分析。

权利标的被犯罪行为直接作用后转化为犯罪对象。权利标的和犯罪对象实际上是同一的物，只是各自的社会意义不同。犯罪对象是一种物，这种物由于具有自然属性、具有物的性质和形式，所以其在外力作用下必然会发生物的反应，其自然属性上的性质和形式都可能会发生改变而生成一种新的物态。由于犯罪对象具有多种形式，所以其被犯罪行为侵犯后的反应形态就各不相同：有的被完全毁灭，如人的死亡（杀人罪）、房屋的被焚毁（放火罪）；有的被

---

〔1〕 高铭暄等：《刑法学》，法律出版社 1982 年版，第 122 页。

部分破坏，如人体的伤残（伤害罪）、一定秩序的扰乱（扰乱社会秩序罪）、一定理念状态失去平衡（诽谤罪）；有的则完好无损，如财物的被盗（盗窃罪）；有的则与犯罪行为同时出现和消失，如国家工作人员在执行公务时被犯罪行为所阻，这种受阻的、被扭曲的执行公务的行为，就是犯罪对象所发生的反应形态（妨碍公务罪）。

犯罪对象产生的反应形态也就是犯罪结果的形态，反过来说犯罪结果是指犯罪对象被犯罪行为侵犯后所发生的物质反应形态。这种解释，既符合生活中人们情理上对犯罪结果的理解，也与刑法分则若干罪状对犯罪结果的表述相一致。

但这里仍然隐含着一个问题：权利标的被作用后转化为犯罪对象，犯罪对象的反应形态便是犯罪结果；而刑事权利被侵犯后转化为犯罪客体，犯罪客体的转化形态又是什么呢？我们仔细斟酌自然会产生这个疑问。从形态与形态、概念与概念的对应关系上可以发现少了一个环节，而这所少的一环全在于对犯罪结果的理解上。

犯罪结果从广义上看是可以并且也应该包括犯罪客体被侵犯后发生的反应形态——尽管这种所谓的反应形态仍然只具有"权利"的抽象意义；但不管是权利的消失（物质对象灭失则权利相应消失）还是权利的扭曲，总之权利也会产生受损的反应状态。从刑权关系中的刑事权利转化为犯罪关系中的犯罪客体，这其实只是一个我们观念上或者说人为规定上的差别，事实上它们仍然是同一的事物而只是在不同关系中以不同的语词进行表述，其意义全在于区别或指称不同的场合及不同的社会关系；一论及刑事权利，我们想到的是较为抽象的刑权关系，而一论及犯罪客体，我们感受到的却是实然存在的犯罪关系——这其中只包含权利正在受损的意义而并不包含对权利受损后具体状态的描述。

权利标的同犯罪对象的关系也完全与上述思辨过程相一致。在我们形成定势的观念中，犯罪对象就是指某幢房子或某个活生生的人，而权利标的其实仍然是指这些东西，只不过两个语词所指称的社会关系不同——作为犯罪对象的房子或人总是与具体的犯罪行为及犯罪关系相联系的，作为权利标的的房子或人却只是与正常和谐的刑权关系相联系的。而在我们观念中的犯罪结果却是指房子被纵火行为侵犯后的灰烬状态、活生生的人被凶杀行为侵犯后的尸体状态。既然如此，那么为什么只将犯罪对象的受损形态视为犯罪结果而对犯罪客体的受损形态不作考虑呢？这其实只是一个我们如何务实地节约使用概念的问题。

由于处理案件的实际需要，我们在定罪量刑中注意的只是可见可描述的物质形态的变化，而对难以把握的权利受损形态则不再作进一步的考虑——只需要根据权利受侵犯的大致意义去确定行为宏观的犯罪意义即可，并无必要对权利的受损形态作任何描述。宏观性质确定后影响案件处理的具体情节似乎都集中在物质形态方面，于是我们将犯罪结果只看作是犯罪对象的受损反应而将犯罪客体即权利的受损反应从中略去不计。事实上就纯理论讲，犯罪结果应该是包括犯罪对象和犯罪客体两方面的受损反应形态的。犯罪结果顾名思义作为犯罪结出的恶果本身就具有综合性的含义，我们不可能也不需要再创造出一个新概念来单独指称某一方面而只需要务实地取犯罪结果便于理解的意义使用该概念即可。

由于权利标的、犯罪对象和犯罪结果都是同质的事物（具有同样自然属性），故犯罪结果的基本分类形式也可同于犯罪对象（也同于权利标的）的分类形式。在犯罪对象难以把握的案件中，犯罪结果也同样是难以确定的。

由犯罪结果的形式可以推导出刑法上因果关系的形式，而且根据本书提出的主观结果概念（见本书第 56 小节）可以形成对主观因果关系（恶的意志操纵行为的具体指向）的分析思路，在刑法理论中对主观因果关系的分析较之于对在复杂环境中纠缠不清的客观因果关系的分析更有价值。它对解决刑法中的认识错误问题、解决预备犯和未遂犯的刑事责任根据问题、解决一些复杂疑难案件的定性问题（由主观结果决定行为性质——原则上追求什么危害结果定什么罪，追求非危害结果则考虑定过失犯罪或意外事件），都具有极其重要的意义。这里限于题目就不再展开论述。

66. 本章小结

刑事违法性是行为违反了刑法的规定而在"犯罪"中派生出的一种属性。虽然在认识犯罪的过程中其地位并不能同社会危害性和应受刑罚处罚性相提并论，但就现代民主国家依法治国、依法定罪的理性要求来说，仍具有十分重要的标志性意义。

就刑法对犯罪所谓的"明文规定"而言，其实只是建构一种与生活中具体的行为相比较的模型。但由于刑法条文在字面上、技术上对犯罪特征表述的局限性——"模型"往往都显得粗糙和过于简单，造成条文在运用中缺乏可操作性和难得要领，于是注释法学在刑法罪状的基础上建立起了犯罪构成及其要件的学说体系，以为司法提供可供操作的具体分析方法。

注释刑法学的主要任务就是对刑法条文进行实用性的注解，但注解本身却需要一系列自成体系、相互协调的概念。这些概念的提出又并非引自法条而是发源和抽象于现实的生活。只有超脱于法条的罪状规定而对生活中犯罪现象的诸要素进行系统的研究，才有可能使在诸要素基础上抽象出的概念的内涵和外延精密化，从而为建立科学完善的犯罪认识体系提供坚实的理论基础。

基于上述分析，于是我们在注释刑法学之外提出建立概念刑法学和理论刑法学的设想。而所谓的概念刑法学所研究的并非条文的内容或犯罪构成的模型。它是以生活中实然存在的刑事法律关系为学科研究对象——对刑事法律关系的基本类型及各个具体关系中的诸要素进行逻辑演绎式的思辨分析。本书为此勾画了一个大致的轮廓。

概念刑法学的建立及其对刑事法律关系的分析，仍然不能解决刑法所面临的所有问题。在刑事法律关系中犯罪行为只是作为一个简单的法律事实出现，至于究竟哪些行为应当视为"犯罪"，概念刑法学则并不能给出答案。诸如对安乐死一类的行为在刑法上应如何定性的问题，仅靠对概念的逻辑分析是完全无济于事的。于是我们不得不寻找新的方法和理论进入社会生活更广泛、更深刻的层次去考虑问题。理论刑法学便在这方面派上了用场。

区分所研究的对象究竟是犯罪的模型还是实然的犯罪，或者是应然的犯罪，这虽然是一项十分艰难的任务，但刑法学迟早是要向这个方向发展的。

主要参考书目

1. 〔美〕理查德·昆尼、约翰·威尔德曼：《新犯罪学》，陈兴良等译，中国国际广播出版社 1988 年版。

2. 〔德〕孔德·凯塞尔：《犯罪学》，赵可等译，西北政法学院出版社 1976 年版。

3. 〔美〕艾尔·巴比：《社会研究方法》，李银河编译，四川人民出版社 1987 年版。

4. 〔日〕小野清一郎：《犯罪构成要件理论》，王泰译，中国人民公安大学出版社 1991 年版。

5. 〔英〕J.W. 塞西尔·特纳：《肯尼刑法原理》，王国庆等译，华夏出版社 1989 年版。

6. 〔美〕道格拉斯·N. 胡萨克：《刑法哲学》，谢望原等译，中国人民公安大学出版社 1994 年版。

7. 〔法〕亨利·莱维·布律尔：《法律社会学》，许钧译，上海人民出版社 1987 年版。

8. 〔德〕黑格尔：《法哲学原理》，范扬、张企泰译，商务印书馆 1961 年版。

9. ［美］R. B. 培里等:《价值和评价——现代英美价值论集粹》,刘继编选,中国人民大学出版社 1989 年版。

10. 李德顺:《价值论》,中国人民大学出版社 1987 年版。

11. ［美］马斯洛:《人性能达的境界》,林方译,云南人民出版社 1987 年版。

12. ［美］罗斯科·庞德:《通过法律的社会控制》,沈宗灵、黄世忠译,商务印书馆 1984 年版。

13. ［美］霍尔等:《荣格心理学》,冯川译,生活·读书·新知三联书店 1987 年版。

14. ［英］休谟:《人性论》,关文运译,商务印书馆 1980 年版。

15. ［美］赫伯特·马尔库塞:《爱欲与文明》,黄勇、薛民译,上海译文出版社 1987 年版。

16. ［美］E. 博登海默:《法理学——法哲学及其方法》,邓正来、姬敬武译,华夏出版社 1987 年版。

17. ［美］T. 帕森斯:《现代社会的结构与过程》,梁向阳译,光明日报出版社 1988 年版。

18. ［英］罗杰·科特威尔:《法律社会学导论》,潘大松等译,华夏出版社 1989 年版。

19. ［美］D. P. 约翰逊:《社会学理论》,南开大学社会学系译,国际文化出版公司 1988 年版。

20. ［英］罗素:《走向幸福——罗素精品集》,王雨、陈基发编译,中国社会出版社 1997 年版。

21. ［美］汤姆·L. 彼彻姆:《哲学的伦理学》,雷克勤等译,中国社会科学出版社 1990 年版。

22. 张乃根：《西方法哲学史纲》，中国政法大学出版社 1993 年版。

23. ［日］森田明夫：《日本的创举——索尼公司发家史》，关天桐等译，四川民族出版社 1989 年版。

24. ［美］杰克·D. 道格拉斯、弗兰西斯·C. 瓦克斯勒：《越轨社会学概论》，张宁、朱欣民译，河北人民出版社 1987 年版。

25. ［美］E. A. 霍贝尔：《初民的法律——法的动态比较研究》，周勇译，中国社会科学出版社 1993 年版。

26. ［美］亨德里克·房龙：《宽容》，迕卫、靳翠微译，生活·读书·新知三联书店 1985 年版。

27. ［美］马丁·P. 戈尔丁：《法律哲学》，齐海滨译，生活·读书·新知三联书店 1987 年版。

28. ［英］吉米·边沁：《立法理论——刑法典原理》，孙力等译，中国人民公安大学出版社 1993 年版。

29. ［法］孟德斯鸠：《论法的精神》，张雁深译，商务印书馆 1961 年版。

30. 甘雨沛、何鹏：《外国刑法学》，北京大学出版社 1984 年版。

31. ［美］H. C. A. 哈特：《惩罚与责任》，王勇等译，华夏出版社 1989 年版。

32. 董乐山：《美国的罪与罚》，光明日报出版社 1988 年版。

33. ［英］伯特兰·罗素：《婚姻革命》，靳建国译，东方出版社 1988 年版。

34. ［德］康德：《法的形而上学原理——权利的科学》，沈叔平译，商务印书馆 1991 年版。

35. ［英］弗里德利希·冯·哈耶克：《自由秩序原理》，邓正来译，生活·读书·新知三联书店 1997 年版。

36. ［美］约翰·罗尔斯：《正义论》，何怀宏等译，中国社会科学出版社

1988 年版。

37. ［日］西原春夫：《刑法的根基与哲学》，顾肖荣等译，上海三联书店 1991 年版。

38. ［德］费尔巴哈：《对莱布尼茨哲学的叙述、分析和批判》，涂经亮译，商务印书馆 1979 年版。

39. ［法］摩莱里：《自然法典》，黄建华、姜亚洲译，商务印书馆 1982 年版。

40. ［美］L. J. 宾克莱：《理想的冲突——西方社会中变化着的价值观念》，马元德等译，商务印书馆 1983 年版。

41. ［美］埃·弗洛姆：《为自己的人》，孙依依译，生活·读书·新知三联书店 1988 年版。

42. ［苏］B. H. 库德里亚夫采夫：《违法行为的原因》，韦政强译，群众出版社 1982 年版。

43. ［捷］弗·布罗日克：《价值与评价》，李志林、盛宗范译，知识出版社 1988 年版。

44. ［法］勒内·达维德：《当代主要法律体系》，漆竹生译，上海译文出版社 1984 年版。

45. ［美］库利：《人类本性与社会秩序》，包凡一、王源译，华夏出版社 1989 年版。

46. ［英］格雷厄姆·沃拉斯：《政治中的人性》，朱曾汶译，商务印书馆 1995 年版。

47. ［德］莱布尼茨：《人类理智新论》，陈修斋译，商务印书馆 1982 年版。

48. ［德］马克斯·韦伯：《新教伦理与资本主义精神》，黄晓京、彭强译，四川人民出版社 1986 年版。

49. ［英］鲁帕特·克罗斯、菲利普·A. 琼斯：《英国刑法导论》，赵秉志等译，中国人民大学出版社 1991 年版。

50. 储槐植：《美国刑法》，北京大学出版社 1987 年版。

51. 全国二十五所高等院校《哲学原理研究》编写组：《哲学原理研究》，福建人民出版社 1984 年版。

52. 高铭暄、王作雷主编：《新中国刑法的理论与实践》，河北人民出版社 1988 年版。

53. 苏联司法部全苏法学研究所主编：《苏联刑法总论》（下册），彭仲文译，大东书局 1950 年版。

54. 蔡枢衡：《中国刑法史》，广西人民出版社 1983 年版。

55. 梁治平：《寻求自然秩序中的和谐——中国传统法律文化研究》，中国政法大学出版社 1997 年版。

56. 高铭暄等：《刑法学》，法律出版社 1982 年版。

57. 何鹏：《外国刑法简论》，吉林大学法律系印。

58. 林纪东：《刑事政策学》，正中书局 1969 年版。

59. ［意］加罗法洛：《犯罪学》，耿伟、王新译，中国大百科全书出版社 1996 年版。

60. ［日］大塚仁：《犯罪论的基本问题》，冯军译，中国政法大学出版社 1993 年版。

61. ［意］贝卡利亚：《论犯罪与刑罚》，黄风译，西南政法学院刑法教研室印。

62. 黄风：《贝卡里亚及其刑法思想》，中国政法大学出版社 1987 年版。

63. 吕世伦主编：《西方法律思潮源流论》，中国人民公安大学出版社 1993 年版。

64. ［英］H. L. A. 哈特：《法律的概念》，张文显等译，中国大百科全书出版社 1996 年版。

65. ［美］诺内特、塞尔兹尼克：《转变中的法律与社会》，张志铭译，中国政法大学出版社 1994 年版。

66. ［美］威廉·阿尔斯顿：《语言哲学》，牟博、刘鸣辉译，生活·读书·新知三联书店 1988 年版。

67. 苗东升编著：《模糊学导引》，中国人民大学出版社 1987 年版。

68. 青锋：《犯罪本质研究——罪与非罪界说新论》，中国人民公安大学出版社 1994 年版。

后 记

　　本书的选题及创意始于 1988 年 10 月，由于写作中所涉内容过于宽泛及自感艰深，故进展极其缓慢，到 1996 年春天才将主要的框架及内容完成。1996 年 7 月，突然听说新《刑法》将在 1997 年 3 月修订通过，自己寻思书中的许多观点对立法似可借鉴，于是匆忙中在该年 9 月中旬全部完稿。为赶时间，只得自费在天地出版社（一家经国家批准允许作者自费出书的地方级出版社）出版，书名定为"刑法的哲学与伦理学"。其间承蒙天地出版社的领导及崔泽海、秦伏男、徐升国等编辑的辛勤工作，使书稿得以在该年年底成书面世。

　　书发出后，受到学术圈内一些朋友们的关注。他们以不同方式从不同角度与我进行了讨论，大都认为书中个人的见解较多，但许多问题切入结论过于简单，似有必要再行深入论证。再加之受出版及发行方式（作者自销）所限，致该书的影响基本上只及于友人圈内。在此情形下，刚巧中国政法大学出版社的同志们对该书产生极大兴趣，便通过北京大学法律系的贺卫方先生与我联系，约我重新扩写并欲纳入该社"中青年法学文库"丛书另版发行。1998年3月我到北京面见了中国政法大学出版社的丁小宣先生并贺卫方先生，他们对原书内容作了较多的肯定并提出一些修改意见，使我得以重塑信心、重新发动激情再创作一番。

在原书及本书的写作过程中得到了许多师长和朋友们的关心和支持，没有他们多方面的帮助，我是难以撑持到底的；恕名字太多，不再一一表及。但凡能看到这段文字的师长和友人，我相信都能感受到我对他们发自内心的深深谢意！只是特别需提到的是我的大学同窗顾培东先生，他在原书的出版中鼎力相助承担了大部分费用，在此特表感谢！

最后还是自己那段旧话：创新是极其艰难的，能力更是十分有限。不管拙著是否有价值，作为曾经奋斗的符号记载，我一厢情愿将它呈奉给社会，期求能对人类的进步和发展有所贡献。

冯亚东

1998年6月7日于成都